常に自分に問え! チームの為に何が出来るか

立正大淞南高校の個とチームの磨き方

島根・立正大淞南高校サッカー部監督

南健司

選手としての成長が
人間としての成長に繋がる

まえがき

26歳、全国初出場。その日から本当のサッカーの指導が始まったような気がします。指導者を志した小学生時代から、指導のイロハを学んだ大学生時代までの経験をもとに、立正大学淞南高校の指導をしてきましたが、初めて選手権に出られたことで、やってきたことが間違いではなかったと確信に変わりました。選手を良くするためには、この練習しかないと思えたから、練習メニューは就任した当時と今も変わりません。選手起用も同じで、今では利き足とは違うサイドにアタッカーを起用するのが当たり前ですが、淞南では初出場した頃からずっとスピードのある左利きのサイドアタッカーを右サイドで起用していました。得意な得点パターンがショートカウンターやドリブルからのワンツーであったり、守備のアプローチの速さや2人目、3人目が奪いにいくスタイルも含め、速い段階で淞南が目指すべきスタイルが全国でも通用すると自信を持ち、磨きをかけられたことは指導者として、とても大きかったと感じています。

ただ、26歳の私のままで立ち止まっているわけではありません。常に勝つためや選手をよくするためのヒントを探し続け、成長し続けようと考えています。サッカー界では学ぶ・成長するという言葉をよく耳にしますが、私はサッカーを学ぶという行為には大きく分けて2通りあると考えています。一つは自分が指導している生徒をよく観察することです。生徒一人ひとりの身体的、技術的な成長度合いを踏まえ、選手に適した指導について考えることが指導者の勉強だと思っています。サッカーの原理原則は普遍的に変わりません。生徒がちゃんと成長していれば、指導者としての成長に繋がっていくと信じています。

もう一つは、1試合全てをきちんと見ることが大事だと思っています。会場に足を運ぶだけでなく、テレビやネットで見るのでも構いません。今はYouTubeやSNSなどで良い部分だけを切り取って試合映像を見れますが、それだけを見ても選手やチームの本質は分からないからです。例えば、サイドチェンジができなかった選手のプレーを切り取って、「この子は逆サイドが見えていない」と判断する人もいますが、いつもできないわけではありません。1試合で100回プレーに関与し、1回だけミスした場面を切り取っている可能性があります。

立正大淞南高校が準決勝まで進んだ2010年度の選手権では、「奪ってからのショートカウンターが速いのが良い面。一方で、中央突破が多く、サイドをあまり使えていなかったのが悪い面」と指摘されましたが、実際には中央突破から奪ったゴールは1点のみでした。ほとんどがサイドからのクロスで生まれたゴールだったのです。、中央突破を相手が警戒することで生まれた、サイドのスペースを突いた得点ばかりでした。中央突破が相手にダメージを与えるジャブで、サイドからのクロスが相手にとどめを刺すストレートパンチと言えるでしょう。こうした本当の評価はハイライトを見ただけでは分かりません。

しかし、最近は選手やチームのワンプレーだけを切り取って良し悪しを評価する傾向が強くなっているように感じます。また、切り取った一部分だけをたくさん見て、勉強したつもりに陥っている指導者も増えています。サッカーを分かったつもりで指導をしていては、選手の伸びしろを縮めてしまうのではないでしょうか。人間教育の部分も同じです。指導者の意図していない形で一場面を切り取られ、「あの高校は人間教育ができていない」と批判する人もいますが、本当は日本一挨拶や礼儀がしっかりしている高校かもしれません。反対に指導者が上辺だけ綺麗なことを並べていても、実際には選手への人間教育ができていないチームも少なくないでしょう。木を見て森を見ずとは、まさにこのことです。一部分だけを切り取って判断すると、本当に大事な部分が見えなくなる危険性があるのです。一部分の良い所だけを捉えてはいけませんし、ダメな部分だけを捉えてもいけません。サッカーも人間教育も全てを把握した上で評価し、指導しないと生徒を伸ばすことができないと考えています。

私自身まだまだ分からないことだらけで勉強中の立場ではありますが、教員になってから27年間、選手やサッカーのことを知りたいと思い、全力で向き合ってきました。本書は私と生徒の学びと成長の一部分ですが、この本を通して少しでも多くの人に立正大学淞南高校サッカー部についてと、選手たちが高校3年間で、どんな努力をしてきたのかを知ってもらえたらうれしいです。

目次

第2章 高校サッカーの監督になるまで

第3章 淞南を全国大会の常連に導いた方法

第4章 他と違うのはサッカーだけじゃない。湘南流の学校生活

第5章 新型コロナを乗り越えて

第6章 関係者が語る「立正大淞南」のサッカーとは？

構成：森田将義
カバー・本文写真：©立正大学淞南高等学校／森田将義
装幀・本文組版：水木良太
編集：柴田洋史（竹書房）

第1章

湘南から羽ばたいたJリーガー

プロに進む条件は、800m走が速い選手

日本体育大学を卒業した1993年に立正大学淞南高校の監督に就任し、これまでJFLを含め28人のプロサッカー選手を輩出しましたが、多くの選手に共通している特徴があります。走らされるチームだと勘違いされ、新入生が来なくなるのは困るので、あまり大声で言いたくないのですが、その特徴とは800m走が早い選手です。50m走や100m走が速い選手はたくさんいますが、それらは遺伝に左右されやすい距離です。200mは身長が高い選手が有利な距離で、足の長さが速さと比例します。400mは一定の根性があれば走れる距離です。1500mは短距離と同じで遺伝による要素が強く、酸素の最大摂取量が多ければ速く走れるため、サッカー部で試合に出ていない選手が上位に入るケースも珍しくありません。

ただし、800mは速さと根性を兼ね備えていないと勝てない距離です。淞南は毎日の練習後に必ずグラウンドを、2往復3本（約670m）走るのですが、プロに行く選手は必ず上位に入ります。重要なのはタイムではなく、1位になろうとする気持ちです。選手には、「ペース配分をして最終的に、1位になるのは陸上部だ。サッカーに必要な走り方を考えなさい」と説明しています。試合の立ち上がりにスルーパスが出た際に、状態が上がらないか

らといって、ジョグで終わる選手はいないでしょう。全ての折り返し地点まで全力で走り、常に1位で居続ける選手でなければいけません。1本目から飛ばして、どこまで全力で行けるか試される種目が800m走なのです。入学した当初はAチームでビリだった選手も、上手くなりたい、活躍したいという気持ちが強くなれば、自然と上位に入れるようになります。

ピッチ外ではマイペースな性格の甲斐健太郎（FC岐阜）も常に上位に入っていました。ダッシュ力は他を凌駕していましたし、本能的に周りの選手に負けたくないと思っていたのでしょう。ですが、甲斐は2年生以降、ずっと1位にはなれませんでした。1つ下に、プロデビュー戦でチーム最高の走行距離を記録するほど圧倒的な走力を持つ元サンフレッチェ広島の高橋壮也（スウェーデン・ウメオFC）がいたからです。

プロからのオファーが来れば、必ず受けていますが、800m走で上位に入れなかったため、高卒でプロに進んで活躍するのは難しいと考え、大学への進学を勧めた選手が過去に1人だけいました。彼は努力家であるため、4年間鍛えれば十分に800m走が早くなると考えていたのも、断った理由です。最終的に、大学経由でプロに行ってくれたので、ホッとしています。

高校時代、私は400m走では常に上位でした。だからといって、私の400m走の成績は参考になりません。高校時代に400mを走った際は、200mトラックを2周していました。どうすれば、1位になれるか考えた結果、1週目はスタートに出遅れたフリをして、一番後ろを走り、体力を温存したのです。1週目の第3コーナーに差し掛かったタイミングで、先頭は2周目の第1コーナー過ぎを走っていたので、そこから全力で走り、全員を抜いて優勝しました。人間の構造上、41秒以上は無酸素で運動できません。400m走で陸上部を除いた生徒の中で1位になるタイムは56秒だと考え、1週目はビリでも良いから有酸素で走り、残り40秒くらいになったタイミングで切り替えれば勝てると踏んだのです。追い抜かれた選手は、乳酸値が上昇しているため、頭では抜き返そうとしても、身体が動かないのも理解していました。「知識で分かっていても、走る速度まで計算して実行できる南は凄い」と多くの人に言われました。ただ、1500m走は勝つ方法をいくら考えても、走っている途中で心が折れてしまうため、タイムは芳しくなかったのです。

バレーが上手い選手はサッカーも上手い

プロに行く選手に見られるもう一つの特徴は、バレーボールの上手さです。バレーボールは時速120km以上のスパイクを近距離で受けるため、瞬時に判断するのが難しいスポーツですが、やるべきプレーは決まっています。サーブが来れば、セッターに返すといった動きを常にワンタッチで続けます。決まった判断の中で、いかに技術を発揮するかを問われるのが特性で、サッカーに近い球技と言えます。そのため、サッカー部の選手には体育の授業でバレーボールを重点的に練習させ、学期ごとに球技大会の種目としてクラス対抗戦を行っています。

毎年、レギュラークラスの選手は一定以上の上手さを持っていますが、過去に一番上手かったのはアビスパ福岡でプレーしたGK神山竜一（前・ラインメール青森、昨シーズン限りで引退）です。島根県には毎年6月に、バレーボール部の部員の出場が禁じられた大会があるのですが、神山のプレーは強豪校の監督に高く評価されました。188㎝、93㎏の体格で神山ほど強いスパイクを打てる選手は少ないため、入学初年度に「今から頑張れば8月のミニ国体に出られる」と評価されたほどです。

空中に上がったボールにスパイクのタイミングを合わす能力だけでなく、落下点を読む感覚もサッカーに似ています。過去にいた守備の予測力が優れた選手はバレーボールでも、強烈なスパイクを拾った直後にすぐさま立ち上がって、二度目のスパイクも拾えていました。

松田力（ヴァンフォーレ甲府→セレッソ大阪）を筆頭にストライカーが放つ、スパイクの決定力も高かったです。守備の選手には上がったトスを見て、スパイクを打ち切れない高さだからフェイントだと判断し、正しいポジションと姿勢をとるのが速い選手が多いです。予想していない場所にボールが来た時に良いトスができない選手は、サッカーでも思い通りの場所にボールが来た時も慌ててしまい、良いトラップができません。ボールに対して冷静に対応できるかも共通点と言えるでしょう。本格的にバレーボールに触れるのは全員が高校に入学してからであるため、スタート地点に大きな差はありません。教わった情報を正しく表現できる力を持った選手だから、バレーボールでもサッカーでも活躍できるのです。

過去にはサッカーの技術は高くなかったものの、バレーボールが上手いだけの理由でAチームに入れていた選手もいます。船津徹也（ザスパクサツ群馬→FC岐阜）がそうです。スピードは無かったのですが、トスの技術だけでなく、スパイクの技術も高かった点を評価したのです。同じ球技でもバスケットボールは、フォームさえきちんとしていれば、上手そうに見せられる競技なので、サッカーの能力と比例しません。

バレーボールが下手だった選手で、プロに行った選手は一人もいないため、私の説は正しいと思うのですが、高校時代の同級生で現在は湘南のフィジカルコーチを務める末広誠には、「90％正しい理論だけど、100％ではない」と言われます。授業でしかバレーボールを経験していなくても上手かった私が、Jリーガーになれていないのを間近で見ているからかもしれません。

サッカーは努力する選手がプロになれる競技

　ストライカーに大事なのは、チャンスの分母をいかに増やすことができるかです。ゴール前に飛び出す回数が10回あって1点獲れるなら、100回繰り返せば10点獲れます。ゴールを奪うための技術の習得はもちろん、苦しくてもゴール前に顔を出す努力が報われるスポーツなのです。これは野球との決定的な違いと言えるでしょう。他競技には、生まれ持った才能だけで努力せずにプロになれる選手もいるかもしれませんが、サッカーは違います。持って生まれた才能がなくても、努力し続けた結果、プロになった選手が少なくありません。プロ野球選手は運動センスに長けた天才がなるスポーツですが、Jリーガーになれるのは夢を諦めなかった選手です。日本代表は、努力し続けた天才だけが辿り着ける場所なのです。

　歴代の日本代表選手を調べると、U－17ワールドカップからオリンピックまでの全ての世代別代表を経験した選手は柴崎岳（スペイン・CDレガネス）と南野拓実（イングランド・サウサンプトン）だけでした。中村航輔（柏レイソル→ポルトガル・ポルティモネンセ）もU－20代表には選ばれていません。２０１４年から２０１８年のワールドカップの間に96人フル代表に召集されましたが、U－17代表に呼ばれた選手の多くが、U－23代表で呼ばれなくなります。U－17代表は早熟の集まり、U－23代表は天才の集まり、フル代表は努力した選手の集まりだからこそ、観客が集まります。フル代表にまで選ばれる選手には、人間が放つ魅力があるからこそ、見る人が魅了されるのです。淞南に来てくれる選手はポテンシャルを考えるとフル代表まで辿り着けるような選手になるのは簡単なことではないかもしれません。ただ、夢を諦めずに努力し続ければ、ＪリーガーになれるのはこれまでのＯＢたちが示してくれています。

努力だけでプロまで駆け上がった高橋壮也と舩津徹也

努力する姿が印象に残っているのは高橋壮也です。彼は、Ｊリーガーになりたい思いだけでプロになりました。サンフレッチェくにびきＦＣに所属していた中学時代は、とにかく一生懸命プレーする姿が印象的でした。入学前に、「自分は将来、サンフレッチェ広島に行きたいけど、今はそんな力がありません。３年後に行くためには淞南しかないので、頑張ります」と話していたのを覚えています。地元が学校のある松江市なのに、たくさん練習がしたいから寮に入りたいと希望しており、入学してすぐに「何から練習すれば良いですか？」と聞いてきました。「他の人よりも３倍練習しなさい」と冗談交じりに返すと、本当に３倍練習をするのです。入学して１週間も経たないうちに、「これは凄い選手になるかも」と気付

ひたすら努力を重ねた高橋壮也は夢だった
サンフレッチェ広島でプロとしての第一歩を踏み出した

きました。

将来性を感じる選手は、1年生のうちに選手権予選の勝てそうな試合でデビューさせますが、ほとんどの選手がプレッシャーに負けて活躍できません。ただ、壮也の場合はあえてきつい試合でデビューさせようと考え、1年生の時、夏のインターハイ予選の準決勝で先発起用しました。チームの出来は良くなかったのですが、壮也がサイドを何度も切り裂き、勝利に導いてくれました。「俺が何としてでもこの試合を勝たせる」、そんな強い気持ちをプレーで体現する姿を見て、コイツは本物だと感じました。

彼の頑張りもあり、夢だったサンフレッチェ広島からオファーが届きましたが、両親はプロでやっていけるか不安視されていたので、「大学に行って20年経って、その時42歳なのか44歳なのか誰も気にしません。多くの人は出身大学がどこかも気にならないでしょう。プロに進んで2年で駄目なら、その後大学に行けば良いのです。プロを蹴って大学に進んでも、4年後に再びプロからオファーがあるかと言えば大幅に確率は下がると思います。実際にオファーが来なければ、『あの時プロに行っていればどうなっていたのだろう』と一生後悔するでしょう。だから、僕は行きなさいと言います」と話しました。

船津徹也も壮也と同じで、プロになりたいと強い思いを持った選手でした。中学時代はまったく無名ながらも、「絶対プロになる」と口にしていたような選手でした。プロ入りが決まっ

船津徹也からはプロ選手は
プロ選手になれると思っている者だけがなれるということを教わった

てから、教育実習で湘南に戻ってきた際に、「自分にはプロサッカー選手になる素質も才能もないのは分かっていました。でも、南先生が中学の頃から、『絶対に監督として選手権に出る』とおっしゃっていた意味は高校時代から理解していました。だから、僕もプロになるのは分かっていたんです」と話してくれました。彼からは、プロ選手はプロ選手になれると思っている選手がなるものだと学びました。夢としてではなく本気でプロになれると思っている選手でなければいけないのです。船津は高卒でのプロ入りは果たせませんでしたが、びわこ成蹊スポーツ大学経由でプロになりましたし、10年以上Jリーガーとして活躍しています。今になって思うと、彼も努力を続ける天才だったのでしょう。

中学時代は控えながら、世代別代表に選出

湘南には、そうした努力家がたくさんいます。私が監督に就任してから初のJリーガーとなった神山竜一は、中学時代の途中まで控えでした。所属していたガンバ大阪堺ジュニアユースの試合を見に行った際に、スタメンで出るキーパーのウォーミングアップを見ているとボールを蹴っている選手が目に留まりました。身長が大きく、キャッチング能力が上手かったので、最初は元Jリーガーのコーチかと思っていたのですが、すぐに顔つきが幼く中学生

中学時代は控えながら3年間の努力が実り、
世代を代表するGKとしてプロへと進んだ神山竜一

だと気付きました。その中学生が神山です。その後、淞南に入学して3か月ほど経つと俊敏性が増しただけでなく、朝練でずっと防球ネットにボールを蹴り続けたおかげで、キックの飛距離が格段に伸びました。とにかく呑み込みが早い選手でした。

巡り合わせも良かったと思います。彼が入学する前に関西トレセンと大阪府トレセンの経験を持つ能力の高いキーパーが2人いたのですが、キック力とパンチ力が違うだけで甲乙つけがたいレベルでした。しかし、試合に出られるのは1人だけです。出られなくても、腐らずに頑張り続ける控え選手を見ているのが私には辛くて、今後は同じ学年にキーパーは2人入れないと決めました。神山の入学が決まった時点で、他の選手の入学を全て断った上、2年生にゴールキーパーがおらず、3年生に1人いただけだったので、入学してすぐに出番を得ました。その後、すぐさま全国でも知られる存在となり、高校2年生の2月に初めてU−17代表に召集されました。代表の話を貰った際は、とにかく嬉しかったです。

ガンバ大阪堺時代のもう1人のキーパーは、中学3年生の途中からラグビーに転向し、高校生の日本代表になりました。中学時代の恩師である東野正夫監督が、「2人のキーパーがともに代表になるなんて思わなかった。サッカーはよく分からない」と苦笑いしていたのを覚えています。神山がプロになると知った際も、「日本にはキーパーがいないのか?」と冗談交じりに話していました。中学時代の神山を知る人からすれば、考えられない成長だったと思います。

サッカーを捨てなかった柳楽《なぎら》智和

ＯＢの中でも特に印象に残っているのは、アビスパ福岡などでセンターバックとして活躍した柳楽智和です。中学時代の彼は、とにかくワンパクな子でした。中学2年生の新人戦で初めて彼のプレーを見た際は、相手に2点リードを許す状況でした。ＦＷで出場していた柳楽は不貞腐れ、センターサークルで座り込んでいました。頑張らない柳楽に痺れを切らした小柄なチームメイトが「トモ！　ちゃんと頑張ってよ！」と叫んだのです。すると、「分かったよ！」と柳楽は立ち上がってすぐに相手ＤＦの背後へと抜け出し、アウトサイドで凄いゴールを叩き込みました。普通なら実力も体格も半分ほどしかない選手が柳楽に逆らうのは無理ですが、文句が言えるのは、柳楽の根は良い奴だからなんだろうと印象に残っていました。

柳楽は中学3年生の終わりかけにサッカーを一度辞めているのですが、今にして思うとサッカー選手になる運命だったのかもしれません。中2の時に見た試合での印象が強かったため、サッカーを辞めたのを知っている他の高校が声をかけていないのを承知の上で、中学校へ勧誘に行きました。

高校生になってワンパクだった性格を変え、
成長した柳楽智和は特に印象に残っている選手の一人

ただ、中学3年生としての態度がとれなかった場合は、獲らないでおこうと決めていました。お父さんに連れられて現れた柳楽に対し、私は「このままで良いと思っている？」と尋ねました。「いいえ」と答える柳楽に対し、「サッカーやりたくないの？」と、たまたま柳楽が1人でボールを蹴る姿を見たことを伝えました。「サッカーは1人でできないスポーツだよ。本当のサッカー、本当の戦いがしたいなら、うちに来なさい」と続けると、「ハイ」と即答してくれたのです。

柳楽が淞南に入学したのを知った県内の指導者たちは、「3日で辞める」と口を揃えて言っていましたが、次第に「1週間で辞める」、「ゴールデンウィークで辞める」、「夏で辞める」と変化していきました。入学してすぐに柳楽に「これからどうしたい？」と尋ねると、「プロになりたい」と答えたので、闘争心と身体能力を買って、センターバックとして起用しました。そして何よりも評価していたのは彼の記憶力です。彼は私が話した言葉をよく覚えていて、自らの成長に繋げていました。ミスしたチームメイトに対し、「1年生の時、南先生に言われた注意点をなぜ覚えていない？」と話すくらいの記憶力の持ち主でした。センターバックは経験の蓄積が物を言うポジションなので、試合経験を積むうちにミスがほとんどなくなりました。

今でも鮮明に覚えているのは、入学1年目の選手権予選です。右サイドバックが前半3分に退場した試合がありました。柳楽が、1人で2人分の守備をしてくれたおかげで残り87分を無失点に抑え、全国に出られたのです。それでも「柳楽は選手権が終わったらサッカーを辞める」と口にする心ない指導者がいました。さすがに私は我慢できず、その指導者に「そんな馬鹿な奴ではない！」とキレたことを覚えています。

性格を変えられるかが飛躍の鍵

柳楽が3年生になると、当時世代別代表の監督をしていた大熊清さん（FC東京、大宮アルディージャ、セレッソ大阪の監督を歴任。現在は清水エスパルスGM）が評判を聞きつけ、島根県内での試合を視察してくれました。代表に選ばれるチャンスと考えた私は、CKのキッカーに「柳楽が目立つようにとにかく高いボールを蹴ってくれ」と指示を出したら、前半2分に後方から走り込んだ柳楽が凄いヘディングシュートを叩き込みました。ゴールを見た瞬間に本部席にいた大熊さんが「南君！　イケるよ！」と叫んだのを聞いて、心の中でガッツポーズをしました。

それでも、島根県内の指導者の柳楽に対する風当たりの強さは変わらず、1週間後に大熊さんから、「中学時代にワンパクだったと耳にしたけど、本当なの？」と確認の電話がありました。「確かに昔はワンパクでしたが、今はそんな子ではありません」と正直に答えたため、代表に選ばれないだろうと思っていました。２度目の視察に来られた際に、大熊さんから「それくらいの選手でないと国際試合で戦えないよ」と声をかけてもらい、胸を撫で下ろしました。最初は悪評を流す県内の指導者に腹を立てていましたが、そこからは「ありがとうございます。おかげで代表に選んでもらえました」と伝えるようにしました。

柳楽がU－20代表の一員として、ワールドユースに出た際の雑誌に載った自己紹介で、尊敬する人の欄に私の名前を見た時は、嬉しかったです。ただ、その理由が、「今まで会ったことがない特殊人物」と書いてあったのには笑いました。柳楽の結婚式のスライドショーでは、高校やプロ時代の写真が流れた後に、「この人たちがいなければ、今の私はありません」との文章と共に私と野尻豪コーチ、柳楽の３人が写った卒業式の写真が映し出されて終わりました。式の冒頭でスピーチをしたのですが、アビスパ福岡のチームメイトたちは柳楽と神山が、頭の上がらない人として普段から私の名前を挙げていたため、凄く怖い人だと思っていたらしく、実際に会うと想像と違うので、拍子抜けしたと言われました。

大熊さんがおっしゃる通り、私も上のステージで活躍する選手は、ワンパクなくらいの子が良いと考えています。ただ、それは中学生までで、高校になったら変われないといけません。自分が変わりたいと思えるかどうかは、サッカーが好きかどうかなのだと思います。好きな気持ちさえあれば、高校からでも人間は変われるのです。

長所が一つあれば、選手は成長できる

淞南に来る選手の多くは欠点が多くても、何か一つ誰にも負けない武器を持った選手ばかりです。長所が一つでもあれば選手は成長できると考えています。突出した武器があるから、他の部分も伸びていくのです。多くの人が、満遍なく、そつなく無難にこなせるのも才能だと気付いていていません。過去にいた選手に、中学の指導者が「ストロングポイントがないから淞南には向いていない」。身体能力や体格に優れておらず、パスが正確なだけ」と評する選手がいましたが、確実にパスが繋げるのも武器なのです。

日本は足が速い選手や身長の高い選手を、長所を持った選手としてもてはやしますが、私の定義は違います。ピッチに立つ11分の1として、チームが勝つためのプレーができる選手が、長所を持った選手なのです。いくら足が速くても、試合で有効でなければ、長所ではありません。横パスしかできなくても、どんな状況でも落ち着いて正確にパスができるのなら、立派な長所です。長所さえ持っていれば、短所もカバーできます。選手には、ごまかす力も大事だと常に伝えています。

私は大学時代、技術がない選手でしたが、チームメイトは私にサッカーが下手なイメージを持っていないそうです。当時の私はとにかくヘディングが強くて、スライディングで敵の突破を止めまくれるのに、左足でインサイドキックができませんでした。相手に寄せられると慌ててパスができなくなるため、ボールを奪ったらすぐロングボールを蹴って、自ら「ナイスボール！」と叫ぶような選手でした。プレッシャーに負ける姿を見せたら、相手に狙われるとも考えていました。私はロングキックが長所だったため、公式戦の緊張感のある舞台でも、弱点をごまかせたので、チームメイトに下手な印象を持たれていないのです。ロングボールという武器を持っていれば、ロングキックを蹴るふりをして蹴らないというキックフェイントもできます。武器が一つあれば、ある意味二つの武器を手にしているのと同じと言えるでしょう。

私は良い所探しの天才だと自負しています。学校に対しての不満を一切言わないのも、良い所をたくさん知っているからです。淞南が実施しているサッカースクールでは、選手が子どもたちに指導するのですが、子どもへの説明が上手い選手がいます。プレーが下手であっても、指導力という良い所を持った選手なので、私は認めています。

普段から不平不満しか言わない指導者は良いところが見つけられない性格であるため、きっと選手の良い部分も見つけられず、凄い選手を育てられません。良いところ探しができる性格なのかは、良い指導者と言えるかどうかの条件と言えるでしょう。他の仕事でも同じで、「最近の若い奴は」と不満を口にする年配の人は、入社したての頃はきっと会社の上層部の批判をしていたはずです。

好きなプレーと得意なプレーは違う

選手に多いのが、自分が好きなプレーと得意なプレーが違うケースです。自分をドリブラーだと思っていても、1対1の守備が抜群に上手い選手もいます。無難にパスをつなぐプレーが得意だと思っていても、本当はドリブラータイプの選手もいます。指導者は、選手それぞれに適した本当の長所を見抜いてあげるのが大事なのです。その基準は11対11の試合で機能するかどうかです。

FC大阪でプレーしていた田路大樹はまさにそうしたタイプで、中学時代は中盤で攻撃の組み立てを任されていたため、本人はゲームメーカータイプと思い込んでいましたが、私はどんな練習をしても必ず点を決めるため、ストライカータイプであると評価しました。こぼれ球を詰めても入るし、低いクロスに飛び込んでも肩に当てて入る。さらに強烈なシュートも打てる選手でした。本人が自信のあった守備力と展開力以上にシュートの決定力が目を惹き、その点では10段階評価で9もあるタイプだったのです。身体が張れて、献身的に守備ができるからと言って、日本代表の岡崎慎司（スペイン・SDウエスカ）をボランチで使うかと言えば、使わないでしょう。プレーの特徴だけ聞けば、田路はボランチタイプに聞こえますが、11対11の試合で機能するのはFWです。彼も好きなプレーと得意なプレーが一致しないケースと言えます。

ポジションの向き不向きを考えるようになったのは大学生の頃です。先輩に北海高校（北海道）の監督をしている島谷制勝さんがおり、ボールを後ろに引いて相手をかわす技術の天才でした。入学した当初は左利きのサイドハーフとして活躍する一方で、プレーの多くが引き技であるためサイドでボールを持っても前進できず、後ろに下がる場面が多く見られました。転機になったのは、大学2年の頃に実施した体育系大学の大会に挑むメンバーを決める紅白戦です。不慣れなセンターバックで起用された島谷さんは何度もインターセプトを繰り返していました。サイドハーフでは活かしきれなかった引き技も、相手のプレスをかわす際の武器にしていました。島谷さんがこれまでとは違うポジションで持ち味を発揮している姿を見て、指導者になったらこれまでのポジションにこだわらず、適性を考えようと思うようになりました。

正しい道に導くのが指導者の役目

湘南では入学後にポジション適性を見極めるため、プロに行った選手の半分以上は、中学までとポジションが違います。攻撃的な選手が守備にコンバートされ、プロに行くケースは珍しくありませんが、湘南の場合は守備的な選手を攻撃にコンバートしてプロに行くケースが多いのが特徴です。当時の指導者に尋ねると、「DFの選手だったけど、遊びで行うシュート練習は上手かった」と返ってくるケースが珍しくありません。

金園英学（ヴァンフォーレ甲府→AC長野パルセイロ）も高校に入学するまではずっとセンターバックでしたが、湘南に来てからFWに転向し、関西大学経由でプロになりました。中学時代の指導者は何かある度、SNSに「プロにFWとして行く金園をCBで起用し続けた私は、見る目がなかった」と書き込みますが、彼の成長にとってはセンターバックの経験が大きかったのかもしれません。彼が中学時代に所属したチームは全国大会出場経験のある強豪ですが、この年は思うような結果が残せず、金園が相手の攻撃を跳ね返したら、ドリブルで相手ゴール前まで持ち込まなければいけなかったのです。CKを奪ったらヘディングシュートを打って、また自陣まで戻る。誰よりもボールを触っていたから高校以降で活躍するための土台が身についたのだと思います。自分が守備から攻撃まで全てをこなさなければ

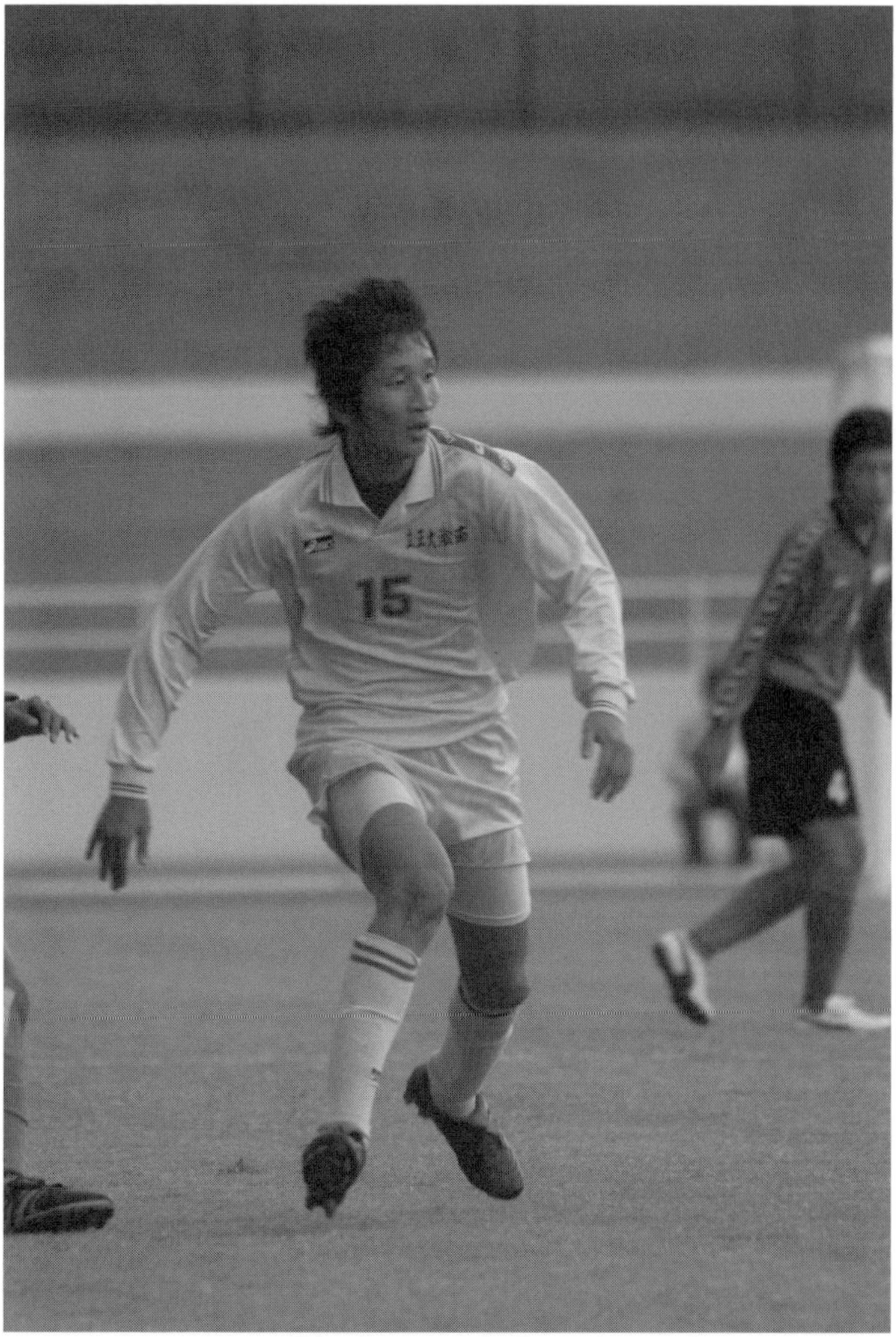

高校入学まではCBだったが、湘南に来てFWにコンバートし、
大学経由でプロになった金園英学

いけないとのメンタルも、将来的にはプラスに働きます。中学からFWとしてプレーしていたら、ボールがなかなか前線に入らず、成長できなかった可能性はあります。チーム事情によって、選手に適正ではないポジションで起用するのも間違いではないのです。中学時代にDFだったからこそ、淞南に来て守備力の高いMFとして活躍する選手もいるかもしれません。適性を見抜き、正しい道に導くのが指導者の役割だと思っています。

適性は指導者にもあると思います、私は中学生と大学生の指導はできません。高校生までは能力を判別する自信があるのですが、大学生になった途端に良い選手がどうか分からなくなります。同じように中学の指導者から「良い選手ですよ」と2年生を薦められても、能力の高さに気付けません。反対に淞南の練習を見ても、良い選手かどうかの区別がつかないと話されるジュニア年代の指導者もいます。私は、中学3年生の9月以降になり、高校生に近づいたら良さに気付けるタイプなのです。中学3年生の1年間での成長速度は急激で、6月と9月とは見違える程です。人間の才能は最終的には変わらず、中学と高校で能力的に劣っている選手でも、18歳や21歳になったタイミングで必ず追いつきます。淞南の選手で、高校1年生の時点でプロになれると確信していたのは柳楽のみです。残りの選手は、学年が上がるにつれて、成長が追い付いた選手たちです。

淞南がスカウトをしない理由

淞南では、中学生の勧誘はしません。私を含めたスタッフが中学生の試合を見には行きますが、「どうせうちには来てくれないだろう」と思っているので、何番が欲しいといった話は積極的にしません。良い選手だと思っても、すでに他の強豪校への入学が決まっている選手ばかりなので、ただのんびり試合を見ているケースが多いのです。それに高校3年間の成長は著しく、3年後に誰が伸びるかは分からないのもスカウトをしない理由です。爆発的に成長するのは、高校サッカーで活躍する、プロサッカー選手になると強い信念を持った選手なので、試合を少し見ただけでは選手の才能を見極めるのは難しいと私は思います。うちに来たいと思ってくれる選手が来てくれれば良い。他の強豪校へ進んだ選手をいつか追い抜いてやるからなと思いながら、いつも指導しています。

スカウトを積極的にしなくても、過去にはこんな事例がありました。金園は知り合いだった中学の先生が、金園の両親が営む焼鳥屋の常連で、「ワシが南に言えば特待生になれる！」と言い切ったのが、入学のきっかけでした。高校のスカウトにかからなかったため、行き場がない選手だったのです。翌日に「酔った勢いで余計な言葉を言ってしまった。南くん頼む！」と電話がありました。これまでも「サッカーの才能があるから、淞南に行きなさい」と何人も選手を送り込んでくださっていたので、先生の頼みならとスポーツ推薦での入学が決まりました。ただ、先生にどんな選手なのか聞いても、プレーを実際に見たことがないとおっしゃるので、実際に練習に参加させてみると、能力が高く、「こんな儲け話があるとは⁉」と驚いたのを覚えています。

OBの想いを背負って入学した井上直輝

変わったケースで入学してくれたのは井上直輝（ブラウブリッツ秋田）です。サッカー部のOBで、高校卒業後にプロのキックボクサーになった小島佑典と同じマンションに住んでおり、彼が淞南を勧めてくれたおかげで、入学を決意したそうです。元々、鳴り物入りで高校に入学した小島でしたが、高校3年生の選手権では登録メンバーから外れました。対して、中学時代同じチームで控えだった中村宏輝（元・藤枝MYFC）はベスト4進出に貢献し、日本高校選抜のメンバーに選ばれました。高校3年間で立場が逆転したのです。それでも、私のことを「甘かった自分を変えてくれた人」と思ってくれており、自分が果たせなかった選手権出場を井上に託したのです。自分が使っていた淞南の練習着やユニフォームを全て渡し、「絶対に淞南に行った方が良い」と薦めてくれたそうです。

入学してすぐ、彼の特徴はボールコントロールの上手さであることに気付きました。身体は特筆して強くなくても相手をブロックしながらボールを止められるので、ボールを持てば必ず前に運べるのです。中学時代から高く評価する指導者が多いのも頷けました。高校3年生の春に挑んだサニックスカップで、U－17韓国代表相手に活躍した姿は今でも鮮明に覚えています。

また、井上はとても勉強熱心で、高校、大学共に学校でも上位の成績を残しました。指導者に言われた「勉強をしなさい」との言葉など何でも素直に受け入れる心は、プロサッカー選手になるための素質です。私は「サッカー選手だけやっていれば

高校時代からスタッフと対等に話ができるほど大人の選手だった井上直輝

良い」と考えていると思われがちですが、勉強の重要性も伝えています。勉強好きな人間は滅多にいませんが、避けて通れば社会に出てからきっと苦労するでしょう。生徒には勉強の重要性が分からないうちは、まだまだ子どもだと伝えています。勉強を苦に感じながらも、頑張る経験は必ずどこかで活きます。困難に立ち向かっていく習慣に繋がるからです。困難に立ち向かわなければ人間は進化できません。

早く大人になった選手が多ければ多いほど、選手権の勝率が高くなると考えています。インターハイで3位になった井上の代がまさに当てはまり、高校時代からスタッフと対等に話ができるほど大人だった選手の代表格が井上でした。淞南を卒業してから、何人もの指導者が「Jグリーン堺で井上が挨拶をしてくれた」と私に教えてくれました。そんな行為ができるのも、彼が早くから大人の心を持っていたからです。

昨年、松本山雅FCに進んだ山田真夏斗《まなと》も大人な選手でした。全校生徒の前でプロ入りの記者会見をしたのですが、緊張して短文で終わるのではなく、冒頭の挨拶から自らの言葉をしっかり長文で話していました。会見を見ていた先生が「やっぱりプロに行く選手は凄い」と感心するほどでした。高橋壮也の記者会見もしっかりしていて、私がアドバイスした文章を出だしで使っただけで、以降は周囲への感謝や学校生活での成長について自らの考えを言葉にしていました。

左右両足から繰り出す独特のパスセンスを持った山田真夏斗は高卒でプロへと進んだ

存在すらも知らなかった選手がプロへ

特にスカウトするわけでもなく、いつも見に行った試合の監督と雑談をするだけなのに毎年、良い選手が来てくれるのは奇跡です。4年前に、淞南に一度も選手が来ていない滋賀のSAGAWA SHIGA FOOTBALL ACADEMYから、「一度練習参加させてもらえませんか?」と連絡を貰いました。どんな選手か尋ねると、「背は176〜7㎝あり、パスセンスは今まで見てきた中で一番あります」と返ってきたので、練習に参加してもらったのが山田真夏斗でした。スタッフが誰一人として試合を見ておらず、存在すらも知らない選手だったのですが、練習に参加するとひと目で他とは違ったパスセンスを持つ選手だと分かりました。そうした巡り合わせによって、成り立っているのが淞南です。選手の基盤を作っているのは、小中学校の指導者であるため、蔑ろにしてはいけません。真夏斗は私が育てた選手ではなく、彼が本来立つべきステージに上げただけです。

私の役割は駐車場の誘導員と変わらず、エンジンとハンドル、バックモニターを作ってくれたのは、彼が高校に入学するまでに出会った指導者たちです。近年、大学経由でプロ入りが決まった井上直輝(びわこ成蹊スポーツ大卒)、饗庭《あいば》瑞生(福岡大学→ブラウブリッツ秋田)と井上健太(福岡大学から21年大分トリニータへ加入)、林尚輝(大阪体育大学から21年鹿

大学4年間で実力を蓄え、
プロ入りを果たした饗庭
瑞生（左）と林尚輝（右）

島アントラーズへ加入）も異なる特徴を持った選手であるため、私が新たな技術を教えたわけではないのは明らかです。私が新たな才能を教えられるなら、同じタイプの選手を何人もプロの世界に送り込んでいるでしょう。指導者は、上のステージに行くための近道を教えてあげるのが役割であり、私はそれぞれが持っていた技術を伸ばし、技術の正しい使い方を教えただけなのです。

選手が過去に出会った指導者に感謝の気持ちを示すため、これまで中学時代の出身チームしか載っていなかった島根県の選手権予選のプログラムに、U－15とU－12の所属チームを入れてもらうようお願いしました。目で見て、「このチームから選手が育っている」と分かるようになれば、日本のサッカーはより良くなっていきますし、指導法が遡って評価できます。

兄の想いを背負った鶴野怜樹

これまで淞南には多くの兄弟が入学してくれていますが、兄弟揃って試合に出たのは山田祐樹（現・びわこ成蹊スポーツ大学）と和樹くらいです。兄が試合に出て、弟が試合に出ないケースが多く見られます。よく「サッカーをやっている兄を見て、早くに始めるから弟の方が上手い」と耳にしますし、私もそう考えていた時期もありましたが、兄が活躍するのをたくさん見るうちに言わなくなりました。

反対のケースで印象に残っているのは鶴野桐真と一歳下の怜樹（現・福岡大学）の兄弟です。２０１７年度の選手権は2年生の弟が試合に出ているのに、3年生の兄は靭帯を断裂したため応援席で太鼓を叩いていました。この年の怜樹はインターハイでは登録メンバーから外しましたが、スピードで相手チームを驚かせようと選手権予選決勝戦のスタメンに抜擢しました。でも、良いプレーができず途中でベンチに下げました。後から中継を担当したアナウンサーに教えてもらったのですが、桐真にかけられた「頼んだぞ！」という言葉が胸に突き刺さり、身体が思うように動かなかったそうです。兄の夢を託され、大きな責任や想いを背負うことになったと感じてはじめて、怖くなったのでしょう。

その後、試合に出ることの重みに気付いてからは、元々持っていた力を存分に発揮できるようになりました。兄の桐真はサッカーとは関係のない専門学校を卒業した後、大阪の社会人チームに入りました。憧れだった舞台に立つ弟を応援するのは簡単なことではありません。苦しさを乗り越え、懸命にチームを支えた選手が卒業後も頑張ってくれているのは、指導者として何よりの喜びです。

技術屋でありたい理由

　ある人が指導者を分類すると、大きく4種類に分かれると話していました。戦術を事細かに伝え、チームを勝たせる戦略家タイプ。選手を育てる育成家タイプ。選手のモチベーションを鼓舞できるモチベータータイプ。ピッチ内外の細部にまで目を配れるマネージメントタイプ。唯一、どのジャンルにも属さないのが私だと言われて、笑ってしまいました。あえて言うなら、私は選手に正しい技術の使い方を教えられる技術家タイプでありたいと思っています。

　例えば、ボレーシュートを外した選手に対し、「そこは叩かないと！」、「浮かしたらダメ！」と声をかける指導者がいますが、なぜ外してしまったのかを、きちんと教えてあげないといけません。胸を地面に落とした正しいフォームでシュートを打つ、それが正解です。身体が上にのけ反っていると、思い通りに強いキックがコントロールできないからです。鉛筆や箸の正しい持ち方があるように、サッカーの技術においても動作の正解を教えてあげられる指導者でありたいのです。ロングキックにも正しいフォームがあり、弓矢を飛ばす際の弓の形をイメージしながら、ボールに入っていく角度と胸を張る姿勢を意識すべきです。淞南にロングキックが蹴れる選手が多いのは、練習から技術の正しい使い方を意識しているからだと思います。

２０１９年度の正ゴールキーパーだった豊田純平（現・大阪体育大学）はキック力に自信がなかったそうですが、高校入学後に正しいフォームを意識したため、相手のゴール前まで飛ばせるようになりました。バスケットボールのフリースローは全員が同じフォームで投げるなど、他のスポーツでは正しいフォームが浸透しているのに、サッカーはなぜか曖昧で指導者から教わる機会が少ないのは不思議です。ボールに入っていく瞬間は選手それぞれの身体に適した形がありますが、ボールにミートする瞬間のフォームは必ず一緒でなければいけません。基礎技術は当たり前にこなさなければならず、無意識でできるくらい習慣化されてなければダメなのです。

改めて感じるベテラン指導者の凄さ

自分が同じ域に達しているとは全然思いませんが、そうした細かく正しい技術の使い方を教えられる指導者は元帝京高校の古沼貞雄先生（現・栃木・矢板中央高校アドバイザー）、元国見高校の小嶺忠敏先生（現・長崎総合科学大学附属高校監督）、昨年まで流通経済大学付属柏高校の監督を務められていた本田裕一郎先生（現・東京・国士館高校スーパーバイザー）

くらいではないでしょうか。特に小嶺先生は、技術指導に長けた指導者だと思っています。

国見高校は走るイメージが強いかもしれませんが、永井秀樹（東京ヴェルディなどでプレーし、現在は監督）や三浦淳宏（横浜フリューゲルスなどでプレーし、現在はヴィッセル神戸監督）などプロで長く生き残った卒業生の多くが、テクニックに長けた選手です。国見が初優勝した代は、テンポの速いパス回しが光るチームで、セルジオ越後さんが「11人制ミニサッカー」と名付けられたのを覚えています。中学時代に代表歴がある選手はほとんどいないのに、選手権で6回も優勝しているのは小嶺先生の細かな技術指導があるからだと思います。何か一つの技術に特化するのではなく、一人ひとりの特徴に合った指導をされているのではないでしょうか。

群馬のルーヴェン高崎FCでジュニア年代の総監督をされている二宮浩さんは、国見が選手権で初優勝した代のセンターフォワードでした。以前、指導されていたAZ・86東京青梅から淞南に選手が来てくれた関係で、今でも年に1度は連絡させてもらいます。ふとしたタイミングで、小嶺先生の凄さを尋ねました。国見の朝練は小嶺先生が口を挟まず、選手それぞれが思い通りの練習をするそうです。高校時代は自由にボールを蹴っていると感じていたそうですが、指導者になって改めて振り返ると、1年生に特定の技術を身につけさせるために、適した先輩のグループに入れていたことに気付かれたそうです。「この選手が、この技術を身につけたらどうなるのだろう」との発想から生まれる、「この先輩の技術を身につけて欲しい」との意図がきっとあったのでしょう。

最近は、大学を卒業したての指導者、現役を引退したばかりの若い指導者が、「最新のサッカーを教えてくれそう」との理由で父兄から人気があると耳にします。彼らは、古いサッカーだと切り捨てるかもしれませんが、生まれる遥か昔から指導を続けるベテラン指導者の指導力に比べたら足元にも及びません。見てきた試合や選手の数が圧倒的に違いますし、フル代表までたどり着いた選手を何人も育てています。選手権優勝など多くの結果も残してきた指導者の経験を蔑ろにせず、学ぶしかないのです。

特に0対0の試合を1対0での勝利に持ち込める古沼先生には、世代別代表のアドバイザーになって欲しいです。私は全国大会で勝てず悩んでいた時期に御殿場で初めて挨拶をさせてもらいました。「君も君のチームもよく見かけるから、アドバイスをしてあげるよ」とシュートの打ち方を教わりました。その日から、言われた通りのシュートの打ち方を徹底したら、2年後に国立まで行けました。国立に立った時も、試合前のベンチに来てくださり、「何回も来られない舞台だぞ。頑張れよ」との言葉を貫いました。ゴールといった結果から逆算した技術の使い方と教え方が凄い指導者です。シンプルさの中にある奥深さを一人でも多くの人が気付くべきです。しかしながら、多くの人はアドバイスを貰っても受け流しているだけなのではないでしょうか。

以前、上間政彦先生（元・奈良育英高校監督）が指導者の懇親会で、「年寄りはちょっとしたヒントを持っているから、聞き逃さないで欲しい」と話されていました。今でも長嶋茂雄さんや王貞治さんが視察に来られると帽子を脱いで直立不動で話を聞く、野球界との大きな違いを感じます。年齢に関係なく、ベテラン指導者の話から気付きを得られない人は感性が低い証拠です。そうした人は子どものちょっとした変化に気付ける感性もないでしょう。

繰り返し練習をする理由

ゴール前のこぼれ球を押し込んだりする咄嗟の反応の速さは訓練が必要です。「チャンスだからシュートを打とう」と見た情報を脳に伝達されてから動くのが反応ですが、熱湯に触った瞬間に脳への伝達はなく「熱い！」と手を引っ込めるのは反射です。スポーツは反応から反射へとどれだけ近づけるかが重要なのです。そのためには運動神経ではなく経験と予測が重要で、時速２００kg以上のスピードに反応するバトミントン選手が、最速で時速１５０kgほどしか出ない野球のピッチャーの球を打てるかといえば打てません。ボールがどんな軌道を描くのか、多くの経験を積んでいるから瞬時に予測ができて、身体が反応するからです。

反射に近づけるためには経験値の積み重ねが必要で、ひたすら練習を重ねるしかありません。本当にテクニックが高い選手は、小学生の頃にテレビゲームよりもサッカーが好きだった子どもです。みんながゲームに熱中している間に、彼はサッカーに熱中していたから上手くて当たり前なのです。「うちは短時間の練習を集中して取り組んでいます」と口にする指導者がいますが、私は間違っていると思います。ボールをたくさん触った方が上手くなるに決まっています。シュートも同じで練習からアクシデントが起きやすい状況をたくさん経験すれば、自然とこぼれ球に対する反応が速くなるのです。日本が得点力不足に陥っているのは、昔の高校サッカーはシュート練習ばかりしていたのに対し、今はポゼッション練習が増えてシュート練習が減ってしまったからだと考えています。

トラップの仕方はポジションによって、違う

淞南の練習で行う対面パスを見ると、選手によってトラップの仕方が違うと気付く人がいるでしょう。トラップミスが失点に繋がるセンターバックは、足元にピタリと止めるなど練習時間の間に一度もミスをしない正確なトラップを意識すべきですが、攻め上がる機会が多いサイドの選手はスピードに乗った状態から、オーバーラップすることをイメージし、あえ

て前方に大きくトラップすべきです。ポジションを把握したプレーが重要で、ただボールを止めればOKではありません。

対面パスでは、サッカーに必要のないアウトサイドでボールを止めるトラップは禁止しています。日本は、選手権を筆頭にトーナメントを勝ち進むと、水が撒かれた天然芝でプレーする機会が増えます。ボールが滑りやすいピッチでアウトサイドを使うと、思い通りの場所にボールを止められないからです。人工芝で練習しているチームのセンターバックは、普段からミスなくボールが持てるので、相手に背中を向けたターンをしますが、いざ天然芝で試合をすると前線からプレスをかけるFWにボールを奪われやすくなります。ポジションによって、やってはいけないプレーがあるため、選手が間違ったプレーをした際は必ず指摘します。

自主練が必要な理由

基本技術を向上させるのは、自主練の積み重ねしかないと考えています。上手くなるには、誰よりも多くボールを蹴るしかないのです。長年、淞南のトレーナーを務めてくれている末広が言うには、フィジカルトレーニングを終えて、全員がぐったり座り込んでいる状況でも、山田真夏斗は一人でボールを蹴っていたそうです。サッカーで重要な止める・蹴るの技術は1人でコツコツ練習するから、上手くなるのです。右利きの選手が苦手な左足キックを鍛えるような場合は全体練習ではなく、自主練を活用して欲しいと考えています。

朝練を自主練に充てるチームも多いと思いますが、湘南の場合は寝ていた脳を叩き起こすには強度が高い練習をこなすのが一番良いと考え、3分間隔で5対5のミニゲームを1時間ほど繰り返しています。ミニゲームと言っても、選手に手加減はさせません。朝が早くて身体が動かないと口にする選手には、「県大会には9時キックオフの試合もあるぞ」と言い聞かせます。5対5を実際の試合に置き換えると、選手が密集した狭い局面です。CKもショートコーナーは禁止で、ゴール前に高いボールを入れて、中の選手はしっかり飛び込むよう伝えています。シュートも思い切り打たせているため、練習見学に来たJクラブのスカウトの方が、「朝7時からウォーミングアップなしで、これだけ人間が動けるとは思わなかった」と驚いていました。

練習は選手を評価する場で、身につけたい技術を習得するのが自主練です。そのため自主練は、一日の練習を一通り終えた後に頭をリセットした状態ですべきなので、夕方の全体練習終わりに時間を設けています。その際大事なのは、指導者がいない状況ですることです。指導者に評価されたいために、自主練をする選手がいますが、本当に足が痛い選手は私たちスタッフが帰ってすぐにグラウンドから離れ、寮で休養します。選手に無理をさせないためにも、指導者は練習が終わったらすぐに姿を消した方が良いのです。ただし、誰がシュートを打つか分からないようなGKのトレーニングは、GKがステップを踏まなくなります。ヘディングも実際の試合では相手との接触はなく、人ではなくボールしか見ないため、2人で競り合うメニューは意味がありません。やると間違った癖がつくメニューもあるため、禁止事項は選手に伝えています。

同時に「効率は分からないけど、禁止したメニュー以外はやって無駄にならない」とも伝えています。ストロングポイントは、自主練によって磨かれます。1対1に強い選手はあえて自主練のパートナーにボールを預けて、相手への寄せ方を練習します。シュートに自信がある選手はドリブルからのシュートを繰り返しますし、ボレーシュートが上手い選手はクロスを上げてくれるチームメイトを探します。この考え方を高校の同級生に話したら、「確かに」と膝を打っていました。高校時代の私はスタッフが帰り、自主練の時間になるとグラウンドに座り、チームメイトに「スライディングの際に逆足の入り方がおかしいから、この練習をした方がいいぞ」と指示していました。人にサッカーをさせるというストロングポイントを伸ばしていたのです。

良い教員の条件とは

教員が教えるだけで自然と成績が良くなる子どもは30人いれば、上位の7人くらいです。中間層をいかに引き上げるかが教員のセンスで、小学校低学年でも「勉強で一番にならなくて良い」と考える子どもはたくさんいます。上位が埋まれば、残りの子どもは自然と勉強を諦めてしまうので、同じ教え方ではいけません。「他のクラスよりも先に全員が九九を覚えられるように頑張ろう」などと機転を利かせた接し方をして、中間層の子どもを一人でも多く上位と変わらないレベルに引き上げられるかが教員としてのセンスなのです。学習意欲の高い上位層の生徒に物事を教えるのは、簡単と言えるでしょう。

人に応じた接し方は必要ですが、サッカー選手として成長するためには明確な目標が必要です。淞南で様々な距離を走るためのフィジカルトレーニングを行う際は、その年の一番良い選手を基準にしています。2019年度のチームであれば、山田真夏斗をもう1ランク上の選手にするための方法を基準に考えていました。今の大学4年生世代で言えば、梅木翼（福岡大学から21年レノファ山口FCへ加入）をトップクラスのストライカーにするには、どんなフィジカルトレーニングをすべきか考えていました。速く走るためのフォームは共通ですし、ポジションによって走る質の違いはありますが、試合で求められる走行距離は大きく変わらないため、彼らの成長によってチームの基準が高まり、他の選手も成長すると考えているからです。

球際は〝強い〟ではなく、〝上手い〟

人によって、教え方を変えるべきなのはボールを奪う際の球際です。日本で球際が強いと聞くと、ボールを持った選手に対して、強く当たれる選手が浮かびますが、それはボールの奪い方の一例でしかありません。選手には、よく手のひらに乗った100円ライターで説明します。ライターを奪うためにパワーはいりません。必要なのは相手の警戒を解くために視線を逸らすフェイントです。力づくで奪おうとすると、相手は力を込めて、ライターを隠すため、より奪いづらくなります。球際は強く行くタイプと上手に行くタイプに分類され、上手に行くタイプにはフィジカルの強さは必要ありません。簡単に言えば、相手とボールの間に足を入れられる選手が、球際が上手い選手なのです。それなのに、球際はフィジカルが重要と勘違いし、評価されない選手が多くいます。

そうした考え方に近いと感じたのは、陸上選手の評価です。100mの選手がかけられて嬉しい言葉は、「速いね」ではなく、「強いね」だそうです。私たち専門外の人間には詳しく分かりませんが、ただ足が速いだけでなく、スタートダッシュや終盤の速度の上げ方など技術がたくさんあり、速いだけではない評価が、「強いね」との表現になると陸上経験者に教えてもらいました。サッカーもガツンと強く当たれる選手を上手いと表現する人が増えれば、ボールを奪える選手が増えると考えています。

選手にボールの奪い方を教える際に重要視しているのは、前タックルとバックブロックの使い分けです。正面衝突に近い、前タックルは身体が小さい選手には不向きな奪い方です。小さい選手は、相手の太ももに自らの腰を当てに行くバックブロックを使えば良いのです。軽自動車が大型トラックにぶつかると目も当てられない惨劇になります。スピードが出ているほど、被害が大きくなるでしょう。しかし、止まっている車の横から自転車が突っ込めば、自転車は無傷なまま車に傷をつけられます。真正面からではなく、横からぶつかっていくのがポイントです。

バックブロックが上手ければ、相手のパスが出た瞬間に受ける選手の横から身体を当ててボールが奪えます。前タックルに行くと見せかけて相手が横方向に逃げた瞬間を狙い、バックブロックで奪うのも有効な手段です。カウンター攻撃と同じで、相手に一度攻めに来させてから、仕掛けるのが重要なのです。前タックルで起きがちな正面衝突で勝つためには、タイミングとフォームが重要です。

練習中、衝突が起きそうな場面になると私やコーチが「ガチャン」と大声で叫びます。そのタイミングで、つま先とへそが同じ位置にある正しいフォームが出来ていれば、確実に相手に勝てます。日本は、ボールタッチなど足元の技術を教える指導者はいても、守備の仕方や身体の使い方まで教えられる指導者は多くありません。こうした技術は単なるボール回しをしていても上手くなりません。指導者は、試合で活きる本当の技術を教えなければいけないのです。

校内にはJリーガーとなったOBたちのユニフォームが飾られている

第2章

高校サッカーの監督になるまで

教員としての英才教育を受けた中学時代

小さい頃から将来の夢は、学校の先生以外考えたことがありませんでした。小学校時代は野球に打ち込んでいたのですが、中学1年生の頃に担当だった片岡先生に入部を薦められ、サッカーを始めました。片岡先生には、「あなたは学校の先生になりなさい。これからの世の中は教育がめちゃくちゃになるかもしれない。だから、南君みたいな人間が先生にならないと、収まりがつかなくなる」と言われたのを覚えています。ゆくゆくは学校のリーダーに育てるため、自らが監督を務めるサッカー部を勧めてくださったのでしょう。

卒業してから聞いたのですが、教員や体育系の指導者になるための知識が学べる桜宮高校の体育科に入学するためのレールを敷いてもらっていました。その頃にはすでに高校サッカーの監督になって、選手権に出ると決めていました。中学2年生の夏休みにテレビで甲子園の野球の試合を見ていると、試合に出れず、アルプススタンドで応援している控え選手がチームが負けて泣いている姿が映りました。母がボソッと「健司が将来作るチームは、こういうチームなのか?」と口にし、「当たり前やん」とだけ返事したのを覚えています。試合に出られない選手が泣ける程の情熱を捧げるチームであるべきだと中学生の頃から思っていました。

今にして思うと中学生のうちに先生になるための英才教育を受けさせてもらっていました。中学2年生の担任である西川先生には、ことあるごとに個別指導を施してもらいました。「これから平均点をとれる子どもが少ない時代が来る。テストの点数が二極化するはずだ。テストの点数が低く理解力が足りない子どもに物事を伝える力が必要になる。だから、喋る能力が必要だ」。そう言って先生はどんな学力の子どもにも伝わる話し方を教えてくださるなど、教員になってから役立つ話をたくさんしてくださりました。

印象に残っているのは、「日の丸を見て、何を思うか?」と尋ねられたことです。私は「オリンピックの表彰式で金メダルを受け取り、泣いている選手が浮かびます」と答えました。すると、「祭日をイメージする人もいれば、他の物事が浮かぶ人もいる。人間は同じ物事を見ても、考え方や捉え方は色々だ。生徒も一つの物事に対し、色んな考え方をすると覚えておきなさい」と言ってもらえました。個人に合った接し方を見つけなければいけないと教えて貰えたのは、教員をやっていく上で重要な気付きとなりました。

一括りで、人間性を良くしようと考えるのではなく、まず指導者が選手によって、タイプが違うと理解し、一人ひとりを深く観察しなければいけません。観察して、どんな接し方をするかは経験による積み重ねではなく、センスが物を言います。特に先生は大学を卒業して、すぐ教壇に立ち、誰からも子どもへの接し方を教わらずに年齢を重ねていくため、よりセンスが問われる職業です。子どものタイプに合った正しい接し方に気付ける感性がない人は、先生向きではないと言えるかもしれません。私は小学校から大学まで良い先生と巡り合えたと思っていますが、私と同じ先生と出会っていても正反対の捉え方をしている人もいるでしょう。要は人それぞれの考え方であり、物事の捉え方なのです。

本当の悪を見逃さなかったサッカー部の顧問

中学時代に家庭科の先生が、生徒がキレても仕方がないような言葉を授業中に発しました。クラス全員がその先生に対して怒りを露にする中、私は「僕が皆に一度話をしてなだめますから、先生は一度職員室に戻ってください」とお願いし、そのまま生徒だけで授業が終わるのを待ちました。誰よりも怒っていたのが私で、物分かりが良い先生想いの生徒のフリをして先生を授業から排除したのです。その先生からは感謝されましたが、サッカー部の顧問の目は一切誤魔化せませんでした。私は職員室に呼ばれて怒られましたが、凄いと思っていた顧問だったので、「やっぱり誤魔化せなかったか」と素直に反省しました。本当に悪い生徒とは私のような生徒なのだと思います。昔のように見るからにヤンキーのような見た目や立ち振る舞いをする、分かりやすい生徒なんて可愛いものだと思います。本当に悪い生徒でも我慢や正しさの基準を学んで大人へと成長していくのが、サッカーなどスポーツの良さだと思います。

人との出会いは偶然ではない

中学3年生の10月にサッカー部を引退してからは当時、望月聡さん（元・なでしこジャパン監督、現・びわこ成蹊スポーツ大学監督）が所属していた大阪商業大学の試合を全て見に行きました。ファンサービスとして毎試合スタンドにサインボールが投げられていたのですが、観客が少ないため必ず貰うことができて、毎週のようにボールが増えていきました（笑）。ある時に守口駅から万博サッカー場までバスに乗っていると、大阪商業大学の選手と一緒になりました。嬉しくなって声をかけたのが池上さんという方で、たまたまその日がデビュー戦だったのです。試合後には「写真を撮ってください」とお願いしたら、逃げられたのを覚えています。

指導者になってから、大阪の寝屋川クラブというチームから選手が来てくれました。選手権前に滋賀県で練習試合をしていると、「うちの選手がお世話になりました」と、その寝屋川クラブの指導者が挨拶に来てくださいました。パッと見て池上さんだと気付いた私が、「大阪商業大学の選手でしたよね？　バスで中学生に話しかけられたのを覚えていますか？」と尋ねると、「ああ覚えています。あれが南監督だったのですね」と驚かれました。選手時代に写真をお願いされたのは私だけだったから印象に残っていたみたいです。人との縁は偶然ではありません。池上さんとの出会いも私が色んな会場に足を運んでいたからです。あの当時、友だちと別の遊びをしていれば、再会した時の喜びもなかったでしょう。淞南の選手にも、私のような行動力を真似して欲しいです。

桜宮高校は、第二志望だった

大学では体育系の大学に行くと決めていましたが、中学3年生の頃は難関私学に進むための塾に通っていたため、同志社香里高校への進学も選択肢としてありました。塾で行う進路面接の際に第一志望を同志社香里、第二志望を桜宮高校・体育科と伝えると、先生が二校の違いに驚き、理由を尋ねられました。「将来、体育教師になりたいなら、桜宮に行きなさいと中学の先生に勧められたので」と答えると、「桜宮は凄い学校です。この学校を勧めてくれる人がいるなら、行ったほうがいい」と第二志望である桜宮を勧めてくれました。塾からすれば進路実績として誇れる難関私学へ進学してくれた方が良いでしょう。面接の最後には

「これだけの学力があるなら、絶対に合格するから塾に通う必要はない」とも言ってもらえました。経営のためではなく、生徒それぞれの将来を考えられる塾だったのです。

高校野球の名将が同級生

桜宮高校の体育科は当時、大阪府内で一番倍率が高く、5教科の成績が10段階評価で8が2つあると通らないと言われているくらいの学校でした。私は中学生の頃、学年上位の成績を残していましたが、高校では周りが秀才過ぎて生徒80人中76番目以下の成績しか残せないようになりました。体育科は体育教員と社会のリーダーになるような人材を育てるコースなので、大学で学ぶような運動生理学などを一早く勉強していました。勉強ができる生徒が多かったため、くだらない発想の持ち主も周りの雰囲気に感化され、うかつな発言はしませんでした。青森の強豪、八戸学院光星高校の野球部監督を務める仲井宗基もクラスメイトで仲が良く、私がサッカーオタクなら彼は野球オタクでした。グループでの実習は、淞南のトレーナーを務める末広も同級生なので、その3人でいつも取り組んでいました。

桜宮の授業では、生徒主体で色んな調べごとや研究をしていました。高校1年生の頃には、スポーツ医科学の専門誌である「月刊スポーツジャーナル」を読んで初動負荷トレーニングに興味を持ち、レポートをまとめました。高校生で指導者向けの雑誌を愛読していた私は変わった子どもだったのかもしれません。今でも資料として残しているのですが、オリンピック史という教科書をクラス全員で作ってから、授業をしたこともあります。スポーツに関する知識は大幅に増えましたが、高校3年生の全国模試では英語の問題を一切読めませんでした。決して勉強ができないわけではないのに、好きな科目しか勉強しない。あまりにも体育以外の科目に興味がなく、3年生の頃には2年生の教科書を間違えて開いていたため、怒られたこともありました。私と末広は興味がない科目の際に、グラウンドでやっている体育の授業を見れば暇を潰せるとの理由で窓際の席にしてもらったこともあります。先生からすれば、私のような生徒の担任になるのはきっと、嫌だったでしょう（笑）。

指導者は身体の構造について詳しくなければいけない

日本体育大学は体育教師になるための専門的な知識を学べるため、毎日の授業が楽しみで仕方なかったです。運動部の指導者は、身体の構造について詳しくなければ生徒を成長に導けません。ドリブルで相手をかわす際も、動作分析ができなければ本当の指導とは言えないのです。「ナイスパス」と「ナイスシュート」といった声かけは誰でもできる指導で、なぜボールを失ったのか、なぜ良いシュートを打てたのかなど分析を伴った指導が重要なのです。しっかり分析できれば、改善に繋がる指導が行えるでしょう。サッカーについて詳しくなる以前に指導者が学ばなければいけないポイントはたくさんあります。

淞南の生徒にも身体の構造について学んで欲しいと考え、新型コロナウイルスで活動ができない期間には、寮で動作分析についての授業を行いました。3人1組になり身体動作で気になったことを調べ、発表会も開きました。Jリーガーや海外の選手がSNSにアップしていたリフティングやドリブルの動画も、正しい動作と誤った動作で見るように伝えました。指導者が教えないまま動画を見ると、フェイントなど表面的な型だけ真似をして、成長にブレーキがかかってしまうからです。サッカーをやる際に最低限の身体的な知識があればプレーに活かせます。気になった物事を調べてまとめる習慣も社会に出てから必要です。そうした機会を作るのが大人の役割ではないでしょうか。

指導者としての礎を築いた日体大時代

私が在籍していた頃の日体大は様々なカテゴリーに分かれ、下のカテゴリーでも試合数が多い、今とは違う時代です。当時はAチームに選ばれた40人以外の部員200人全員がBチームに所属し、練習も選手主体で行っていました。自分たちで練習メニューを考えるのは難しいため、「今日は本田（裕一郎）先生の練習をしよう」などと強豪校のＯＢが高校時代にやっていた練習メニューを思い出し、日替わりで取り組んでいました。相手ゴール前を突破するには3人目の飛び出しが重要だと気付いたのは、この頃です。サッカーのルールは変わりましたが、当時と今でも原理原則は変わっていません。

清水東や習志野など各チームの練習を分析するうちに全国の強豪校はしんどい練習ばかりしていることに気付きました。心拍数が１６０くらいまで高まるメニューが大事なのです。また、宇都宮学園高校（現・栃木・文星芸術大学附属高校）出身の後輩を見ているうちにストライカーとしての才能は教えられないとも思いました。野球は基本的にストライクのボールを打つ種目ですが、サッカーは自らが移動すればどんなボールでもストライクにできます。シュートが上手いのではなく、ストライクにするのが上手い選手が点を獲れると言えるでしょう。これはトレーニングではなかなか身に付かない技術で天性の才能だと気付きました。

同時に各校の様々なエピソードも教えてもらいました。国見の出身者に聞くと、小嶺先生に「君は上手いから走る必要はない」と言われ、一度も走り込みの練習はしていなかったそうです。

ボレーシュートの重要性に気付いたのも大学時代の先輩だった谷謙吾さん（愛媛・今治東

中等教育学校監督）に、清水東高校時代のチームメイトだった元日本代表の武田修宏さん（元・東京ヴェルディなど）の凄さを聞かせてもらったからです。とにかくボレーシュートは一級品だったと教えてもらい、試合の映像を見直したら正しいフォームでシュートを打っていることに気付きました。他にも話を聞くと、こぼれ球がどこにこぼれてくるか分かると口にするFWの選手がいました。良いストライカーになればなるほど、その回数が多くなるのだと考え、FWは教えるのではなく、適した人材を見抜けるかが重要だと気付いたのです。

大学での4年間、主体的にサッカーが取り組めたのは私にとっては貴重な経験でした。形だけの屁理屈をこねたり、「つまらない」と誰かの意見を否定するのではなく、「俺はこう思うから、こっちにしよう」と建設的な意見を出せたのも良かったと思います。

淞南がショートカウンターを重要視するのも、大学時代に縦に速い攻撃はDFが対応しにくいと感じたためです。ゆっくりした攻めだと相手は頭が整理する時間が生まれ「スルーパスが出る」、「横パスが出る」と警戒して対応されますが、ショートカウンターやゴール前のワンツーのような相手が考える時間を与えない攻撃をすれば得点チャンスが高まります。特に素早いワンツーは、DFの両足が地面に着いて動きが止まってしまうため、対応しにくいのです。

大学ではプレー以外でも貴重な経験をさせてもらいました。Bチームは3年生がキャプテンを務めるのが慣例でした。しかし、私が2年生になったタイミングで、当時のキャプテンだった島谷さんに「南はどうせ3年生になればキャプテンをやるはずだ。今から慣れておいた方が良い」と仕事を任せてくれました。そのため、大会への出場手続きなど事務的な作業を全て任せてもらえ、後の監督人生で役立ちました。

様々なチームの練習をチェック

大学時代は、時間を見つけては色んなチームの練習を見に行き、どんな練習をしているのかチェックしていました。大学4年生の頃は当時、JSLで一番強かった読売クラブの練習を見に行き、三浦知良選手が放つオーラに圧倒されました。当時は、日本代表がワールドカップに出場するなんて、キャプテン翼の中の話だと思っていたくらいサッカーが盛んではなかった時代です。JSL2部の日本鋼管対コスモ石油の試合を見に行ったら、バックスタンドは私だけだったこともありました。観客があまりにも少ないので車で会場に行っても、関係者用の駐車場に停められた時代です。Jリーグが発足しても状況は大きく変わらないと思っていたので、翌1992年に鹿島アントラーズとヴェルディ川崎（現・東京ヴェルディ）のヤマザキナビスコカップの準決勝を見に行くと、国立競技場のスタンドが満員だったのには驚きました。日本にもいよいよサッカーが盛り上がる時代が来るのかと胸が高鳴ったのを覚えています。

女子サッカーも気になり、読売サッカークラブ女子・ベレーザの練習も見に行ったこともあります。元日本代表の野田朱美さんや手塚貴子さんはとても上手くて、私の技術は足元にも及ばないと感じたのを覚えています。強豪校のグラウンドにも何度も足を運びました。武南高校の練習を見て、練習と試合は繋がっていると改めて認識できましたし、市立船橋高校では、基礎練習を徹底する大切さを学べました。また、清水商業高校に行った際は、その日がちょうど練習がオフで生徒たちが遠征用のバスの掃除をしているのを見るだけで終わってしまい、肩を落として帰ったこともあります（笑）。

先生と指導者の力はイコール

小学校の頃、高校野球を見ていると選手が監督を「先生」と呼んでいるのが不思議でしたが、年を重ねるうちに高校野球の監督は学校の先生がやるものだと理解できました。中学時代の先生には教科指導が上手い先生は、良い指導者だと教えてもらいました。先生としての力とスポーツ指導の力は比例しているのです。私がバレーボールとバスケットボールの経験がないのに高校の体育で活躍できたのは、中学時代に体育を教えてくださった先生の指導が良かったからだと思います。教えるのが上手な先生は、部活動でも教え方が上手く選手の力を伸ばせると考えているため、専門的な知識を学べた日体大の4年間は私にとって貴重でした。

また、高校運動部の先生は、授業と部活動の二つをこなさなければいけません。片一方だけ手を抜く人はどんな物事も手を抜く人です。教科指導で手を抜くような先生は、部活にも全力を注げないでしょう。私はサッカーの指導者よりも教員寄りの人間だと思っているのですが、世間からはサッカーの指導者だけをやっていると思われているみたいです。昨年から始めたジュニアユース「FC tentar」の親御さんも、私をサッカーの指導者だけをやっていると思われている方が多いと知りました。それどころか、私の娘も小学校に上がってから私がサッカーの監督だけやっているのではなく、学校の先生でもあることに気付いたみたいです。

かっこいい先輩であれ!

淞南では練習終了後、グラウンドのトンボがけを3年生がするのも学生時代の経験があるからです。体育会系の世界では縦社会が厳しく、雑務を年下に任す習慣がありますが、私は学生時代に一度も縦社会の厳しさを味わったことがありません。中学生のサッカー部時代は、2歳上の先輩に市川君という能力の高いセンターバックがいました。後輩にはとても優しいのに、試合になると熱く戦っている姿がかっこよかったのを覚えています。1歳上の橋口君も同級生からは恐れられる存在でしたが、試合に出始めた私にいつも「健司、大丈夫だから」と励ましてくれました。

桜宮高校に入れば縦社会が厳しくなると思っていたのですが、入学してすぐにボールを洗っているキャプテンと副キャプテンの姿を目にしました。「僕が代わります！」と声をかけたのですが、「1年生は風邪をひいたら大変だから、俺らでやるよ」と返してくれました。そうした先輩たちばかりを見ていたので、3年生になっても私は後輩に威張ることはありませんでした。それどころか、試合中にクリアミスしたら後輩が「健司！　練習してから試合に出ろ！」と私に叫んだこともありました。生徒にはこうした経験をもとに「後輩たちにとってかっこいい先輩か？　俺は現役時代、かっこいい先輩だったと思うぞ」、「幼稚園児に荷物を持たせているお父さんを見たことがあるか？　強い人間がしんどい仕事をすべきだ」と伝えています。

アルバイトに励んだ大学時代

卒業後は教員になると決めていたので、社会人としての経験を積むのは大学時代しかないと考え、様々なアルバイトをやりました。建設関係、運送会社の仕分けなど3か月単位でバイト先を変えて、職種ごとにどんな人が働いているのか観察しました。クリスマスシーズンの山崎パンでは、たくさんの女子大生がケーキ作りのバイトをしていると耳にし、友だちと応募したこともあります。しかし、パンの製造に回され、年配の人たちだらけで、がっかりしたことを今でも覚えています（笑）。

アルバイトではなかったのですが、外部指導員が中学生に与える影響を調査するため、川崎市の教育委員会の仕事として、中学生の指導もしました。授業が終わったらすぐに移動し、夕方の4時からサッカーを教え、大学に戻って6時半から自分の練習をする。その後にバイトに行く日々を過ごしていました。外部指導員は元々、1年契約だったのですが、当時の校長に評価していただき、4年間も指導させてもらいました。それどころか、「中学生の先生として子どもを教えて欲しい」とまで言って貰えました。有難い話だったのですが、「高校サッカーの監督になって、選手権に出るのが夢なので」とお断りさせてもらいました。

その校長先生は体育祭では教員全員で出し物をしたり、生徒をサプライズで喜ばせる取り組みを計画される方でした。自分はもう走れないからとマラソン大会に自転車で帯同し、生徒を鼓舞し続けた校長の姿勢は、淞南での指導に活きています。修学旅行や林間学校にも帯同させていただき、いち早く先生と変わらない経験ができました。中学生のバレーボールで輝かしい成績を残されている先生に食事に誘っていただき、男女の違いや指導のアドバイスを貰えたのも有難かったです。

選手権に出るための選択肢が島根県

大学3年生になり、高校選びを真剣に考え始めたのですが、元々転勤がある公立ではなく、ずっと同じ学校で指導したかったので私学しか考えていませんでした。そして、出身地である大阪府は初めから選択肢にありませんでした。なぜなら、小学校の卒業文集に「自然豊かな地域で学校の先生になる」と書いていたからです。学校の周りに山や川、田んぼがあるのをなぜ条件にしていたかは分かりませんが、昆虫や川魚が好きだったのが関係しているのかもしれません。

選ぶ際の第一条件になったのは、どの都道府県なら選手権に出やすいかという点です。「高校サッカー年鑑」という本で各都道府県の過去の出場校をチェックし、入れ替わりが激しいところを選べば私にもチャンスがあると考えました。最初に目に留まったのは高知県でした。というのも私が大学生の頃は8年連続で代表校が入れ替わっていたからです。沖縄県も那覇西高校が台頭する前で代表校が安定していませんでしたが、大学時代に沖縄県民と関西人は気質が合わないと耳にし、選択肢から除外しました。そして、県内の予選参加校39校のうち8校が出場経験を持つ島根県も可能性を感じていました。

次の条件となったのが、校名のカッコ良さです。もちろん強いからカッコ良く感じる側面もありますが、帝京高校（東京）、PL学園高校（大阪）などスポーツが強い高校は、選手が行きたくなる校名なのではと考えたのです。選手権で優勝している鵬翔高校（宮崎）や星稜高校（石川）も条件に当てはまります。そうした観点で島根県の高校を探していると、淞南学園高校（現・立正大学淞南高校）が目に留まりました。早速、学校へ連絡してみると私が3年生の冬には教員募集がなかったため、話が進まなかったのですが、翌1992年はJリーグ開幕の前年で、サッカーが盛り上がると予想した学校が、部の強化を計画しました。そこで、「冬に日体大の大学生から電話があった」と思い出してくれたみたいで、6月頃に大学へ連絡があったのです。先方は私の名前まで覚えていなかったのですが、部の中で「島根の学校にそんな連絡をするのは南くらいしかいない」となり、すぐさま面接していただき、採用が決まりました。当時は教員採用のハードルが高く、日体大ですら一発で教員に採用される人は、2％しかいませんでした。全国にある4100校の高校から気になって電話した学校の採用に決まるなんて、奇跡です。

その頃、通っていた美容室を営む夫婦に「南君、就職は決まったの？」と声をかけられました。「島根県の高校に赴任します」と答えると、たまたま二人が島根の出身だったのですが、地元出身の人に淞南学園のことを話しても、「そんな学校あったの？」って感じで、地元でもあまり知られていない高校だと知りました。

赴任してから、松江駅でタクシーに乗り、「淞南学園まで」と言っても、「学校名は知っていますが、場所は知りません」と言われるケースも珍しくなかった時代です。当時は全校生徒が160人ほどでしたが、今は300人以上にまで増えました。少子高齢化が進むご時世の中、生徒数が倍に増えたのは日本全国でも稀だそうです。

選手として挑んだアルゼンチン留学

大学卒業から淞南に赴任するまでの間に、これから高校生を教えていくためのヒントを得ようとアルゼンチン留学を計画しました。当時はブラジルに留学する人はいたのですが、アルゼンチンに行く人は少なく、どんな国か興味があったのです。航空チケット、ホームステイ先、受け入れチームを自ら見つけ、大学を卒業した翌日から淞南に着任する4月上旬までの35日間の日程を組んで海を渡りました。

当初は選手を指導する約束でアルゼンチンに行ったのですが、現地に着くなり、ホームステイを受け入れてくださった和後さんという日系の方から、「せっかく来たのだから、プレーしていけば良い」と言われました。「上手くないけど、大丈夫ですか？」と尋ねると、「日本人の方が上手いから大丈夫」と返され、エストゥディアンテスの練習に参加しました。

アルゼンチンは13歳から18歳まで1歳ごとにチームが分かれており、参加したのは18歳から20歳までの選手が所属するプロ予備軍のチームでした。私が来たせいで誰かがクビになるかもしれないと勘違いしたため、選手の風当たりは強く、絶対にパスをくれないのです。やたら話しかけてくるので、「お前頑張れよ！」と言ってくれているのかと思っていたのですが、「お前ポジションどこ？」との意味でした。言葉を一切覚えずに行ったのに、同じ言葉ばかりかけられるので、すぐに意味が分かったのです。日本語で「え？　なんて？　英語喋れないの？」とばかり返していたので、選手は「今まで来た日本人の中で一番変わった奴が来た」と思われていたに違いありません。

途中から練習に加わったフランス人留学生に英語で話しかけ、「選手として来たのではない。指導者になるための勉強をしに来たのだ」と選手たちに通訳してもらいました。ライバルではないと分かってから、滞在最終日に私の物を貰おうと皆が優しくなったのを覚えています。実際、最終日は財布とパスポートだけ残して、練習着やスパイクなど全てを選手にプレゼントして帰国したため、入国管理局で引っ掛かり、事情聴取のため別室に連れていかれました。確かに、アルゼンチンに1か月以上も滞在しながら、二十歳過ぎの若造が手ぶらで帰ってきたら不審に思われても仕方ありません（笑）。各所に電話をして、事情説明をしてもらい、2時間くらいでようやく解放してもらえました。

サッカー大国で知った本当の上手さ

アルゼンチンに行ってまず衝撃を受けたのは、日本人選手の足元の上手さです。私は大学でも決して上手い選手ではありませんでしたが、エストゥディアンテスではリフティングやドリブルで私より上手い選手は数えるほどしかいませんでした。ただ、ハーフコートのサイズでロングボールからシュートを打つ練習をすると全員がミスをせず、ピタリと狙い通りの位置に蹴れました。ミスをするのは私くらいで、本当の意味で上手い選手の定義を学びました。日本人が得意とするボールをこねくり回すような技術は必要なく、フットボールはシンプルな競技だと再確認できました。

練習内容の違いも驚いた点です。2人組で行うインサイドボレーの練習は、日本だと10本1セットくらいですが、アルゼンチンは100本1セットで行っていました。日本の約10倍近く基礎練習に時間を割いてから、チーム練習をするため、練習時間がとてつもなく長く、初日から面食らいました。メニューも複雑な内容が多い日本とは違い、シンプルながらも指導内容は凄く丁寧でした。日本人と体格が変わらないアルゼンチン人が世界で活躍できるのは、時間をかけてテクニックを身につけているからなのです。どのグラウンドも芝生が長いため、強く速いボールを蹴らなければパスが通らず、意識しなくても自然と腰をしっかり回す正しいフォームが身に付くのも大きな違いでした。

日本のサッカーでは判断を大事にするよう指導されますが、練習をこなすうちに判断はないと気付かされました。例えば日本人ならラーメンが出てくると箸をとり、カレーライスならスプーンをとるといった動きは日常生活をこなすうちに考えなくても、自然と身体が反応します。ですが、麺類がない国の人にラーメンを出すとどうやって食べるのが正解か分からず、考え込んでしまうでしょう。サッカーで言えば、日本だとパスを受ける前に回りを見よう、右からパスが来れば、遠い方の足でボールを受けてパスしようと考えてから動きますが、アルゼンチンの選手は使う技術の判断が身体に染みついているので、考えなくても規則的に正しくできていました。日本人はプレーを判断させているから、判断が遅くなるのは当たり前なのです。

そうした意識の違いは日頃から目にするサッカーの違いから生まれるものだと思います。現地で4試合ほどプロの試合を見ましたが、サイドに広大なスペースがありながら、無理だと判断して後ろにパスを下げたりするとブーイングが飛んでいました。観客が、間違った判断をした選手に対して厳しくブーイングすることで選手が育っているので、若い選手がプレーの判断基準を持ち、自然と身体が動くようになっているのだと思います。

覚悟の違いが成長の違いに繋がる

選手のサッカーに挑む姿勢も、アルゼンチンに行って感じた大きな違いです。選手は単純な練習でも、手を抜かず集中して取り組んでいたのが印象的でした。コーチに「なぜ、あんなに集中しているのか？」と質問しても、返事が返ってこなかったので、集中しているのが当たり前なのだと理解しました。指導者や主将が「集中しよう！」と声をかけなければいけない日本とは意識からまったく違うのです。彼らは、生きていくためのお金を稼ごうと、13歳からサッカーに取り組んでいます。その為、基本練習、走力トレーニングといった単調で苦しいトレーニングも手を抜かず、自らのためになると喜んで取り組んでいました。日本ではよく指導者に「走らされた」と表現しますが、アルゼンチンでは「走力トレーニングをしてもらった」と表現をします。同じ距離を走るにしても、走らされたと感じる選手と自分の意思で走ったと思える選手では成長度合いは大きく違うでしょう。日本もＪＳＬ時代とＪリーグができてからでサッカーのレベルが大きく上がりました。それはプロとして食べて行くと覚悟を決めた選手が増えたからだと考えています。

私が高校時代にトレーニングで走っていたルートを淞南の選手にも走らせたことがありますが、１周で「今日の練習きつかった！」と口にしていた私たちとは違い、彼らは３周走っても何ともない表情をしていました。そんな選手たちを見ると、当時の私は甘かったのだとはっきり気付かされました。教師になるのを目標に高校３年間ボールを蹴っていた私とプロを目指して淞南に来た選手たちとは覚悟が違います。

選手には「文化祭の漫才」という表現をして説明をします。確かにプロと比べると、レベルは低いかもしれません。面白くない漫才をすると、それを見た同級生が「それくらいなら俺の方が面白いわ！」とヤジを飛ばすかもしれませんが、大勢の注目を集める舞台に立つ勇気の方が大事なのです。ヤジを飛ばした同級生の方が確かに面白いかもしれませんが、舞台に立つ決断ができなかった時点で負けているのです。地元を離れ、淞南を選択した選手にはそうした覚悟があります。友達や彼女と離れたくないと一歩が踏み出せないような子たちとは違い、これまでの環境を全て捨てて島根まで来る決断ができる子どもです。最初から覚悟が違うので、苦しい練習に耐えて伸びる可能性を秘めているのです。

大学生活も同じです。大学に合格したばかりの高校生がテレビのインタビューで、「大学生活をエンジョイしたいです！」と答えている場面をよく見ますが、私は「え？　遊びに行くの？」と驚いてしまいます。「高校時代にプロになれなかったので、大学でもっと努力してプロになりたい」、「早くAチームに入れるように頑張ります」と次の目標を答えるスポーツ選手や文化活動で進学する子どもの方が賢いように思います。

勝利や得点の重要性

アルゼンチンは各年代とも勝利への執念は凄まじく、〝勝つか負けるか〟しかない競技だから、勝つためには何でもするといった気持ちを選手全員が持っていました。ボールを蹴るのが好きでサッカーに取り組む選手が多い日本との大きな違いで、日本のスポーツ界に1番足りない部分だと感じました。アルゼンチンで基本技術や、選手の自主性、勝利を逆算したトレーニングの重要性を学べたのは私にとって大きかったです。レギュラー争いやAチームのメンバー入りをかけた争いはあっても、チームメイトだった選手のロッカーが次の日から無くなっているような熾烈な競争は日本の高校サッカーにはあり得ません。そんな過酷な世界を見て、日本はまだまだ世界に追いつけないと思いましたし、サッカーは日本の文化に合っていないとも思えました。日本の社会がシステムを真似する必要はありませんが、サッカーに全力で取り組む姿勢は真似すべきです。

最近、高卒でブラジルに渡った選手が日本サッカーとの違いについて話していたのも印象に残っています。良いドリブルと良いパスができる選手が上手いと言われるのは両国共に変わりません。しかし、プレー単独が評価される日本とは違い、ブラジルで評価されるのはアシストやゴールなど目に見える結果を出す選手が上手い選手と評価されると感じたと言うのです。確かに日本は一つのプレーだけを見て、「彼は面白い。良い所が見えているね」などと評価しがちですが、そのパスが単なるスルーパスか、得点に繋がるラストパスなのかの差はとても大きいのです。90分の間に相手ゴールにたくさん入れたチームが勝ちというサッカーのルールの原点を知っているからサッカー大国と言われる所以だと感じました。どんな競技でも勝つために育成して当たり前なのに、日本サッカーは育成という言葉だけが独り歩きし、間違った方向に行っている気がするのです。野球で言えば「コールド負けでしたが、ボールの見送り方は良かったでしょ?」と言いながら三振を続けているようなチームの指導者が多くいるのではと感じています。

練習メニューは4種類

留学時代の経験を生かし、湘南サッカー部は4種類の練習とショートカウンターという1つのコンセプトしかありません。アルゼンチンで学んだ単純な練習できめ細かな指導を心掛けています。これから先も4種類のみの練習は、ほとんど変わらないと思います。

練習ではまず①3人組でのシュート練習から②5人組のシュート練習、③ハーフコートを左右半分に区切っての6対6と人数を段階的に増やし、目を慣れさせます。そして最後に④実戦に近い8対8のゲームを行います。

大人数でのボールポゼッションをした後に、少人数でセンタリングからのシュート練習をするのは流れとして間違いです。DFがつかないシュート練習は相手との駆け引きがなく、型にハマったメニューと思われるかもしれませんが、それは間違いです。湘南ではシュートに至るまでの流れを選手に任せており、選手の特徴を活かしたプレーをするように指示しています。例えば、身長が低い選手がサイドからのクロスを合わせても得点が生まれる可能性は高くありません。それなら、「こぼれ球を狙ってシュートを打った方が良い」と考えながら、自らに適した動きで練習に励むのです。野球でホームランバッターにバントの練習をさせる必要がないのと同じです。反対に全員が同じ状況からシュートを打つ練習は、練習のための練習であって、試合では役立ちません。

一流のボクサーはシャドーボクシングをしていて、フォームが悪ければ、相手に打たれるイメージが湧くと聞きました。淞南のシュート練習も同じで、DFがついていないメニューばかりですが、主力の選手はDFがいると想定しながら練習出来ています。仮想の敵が想像できない選手に対しては、「そのトラップではカットされるよ」と伝えます。

就任当初から練習メニューが一切変わっていないため、当時の選手は皆驚きます。20年以上前からシュート練習しかしていないので、他チームよりGKが鍛えられており、選手権初出場の頃からGKには跳びぬけた能力を持った選手がいました。

サッカーは全てのプレーに本質がある

サッカーは攻守の切り替えが速く考える時間がなさすぎるスポーツですが、野球は次のプレーでどうすれば良いかを考える時間があるため、分析が好きな日本人に合ったスポーツだと思います。それなのに多くの指導者はサッカーの分析をたくさんするうちに難しく考えすぎてしまい、本質を見失った練習メニューや指導法が溢れている気がします。

淞南のグラウンド横の掲示板には、私が就任した当初に記したサッカーの基本をまとめた紙を張り出しています。日々、選手たちはそれを見て、練習に励んでいます。

その中の一つに淞南サッカー部で掲げている、Aチームの選手として不可欠な10の絶対条件があります。

❶攻守の切り替えが速く、予測を持って連続で激しく動ける（基本動作）
❷ヘディングが強い（技術）
❸ロングキックができる（技術）
❹トラップの前にステップフェイントがあり、キックフェイントで突破できる（技術）
❺攻守に渡りゴール前で頭から飛び込める（基本）
❻ロングスローが投げられる（技術）
❼精神的に戦える（精神面）
❽全国で勝てる自主練習ができる（想像力）
❾基本練習を実践的に自ら難しくできる（想像力＋責任感）
❿素直である（一流選手たる条件）

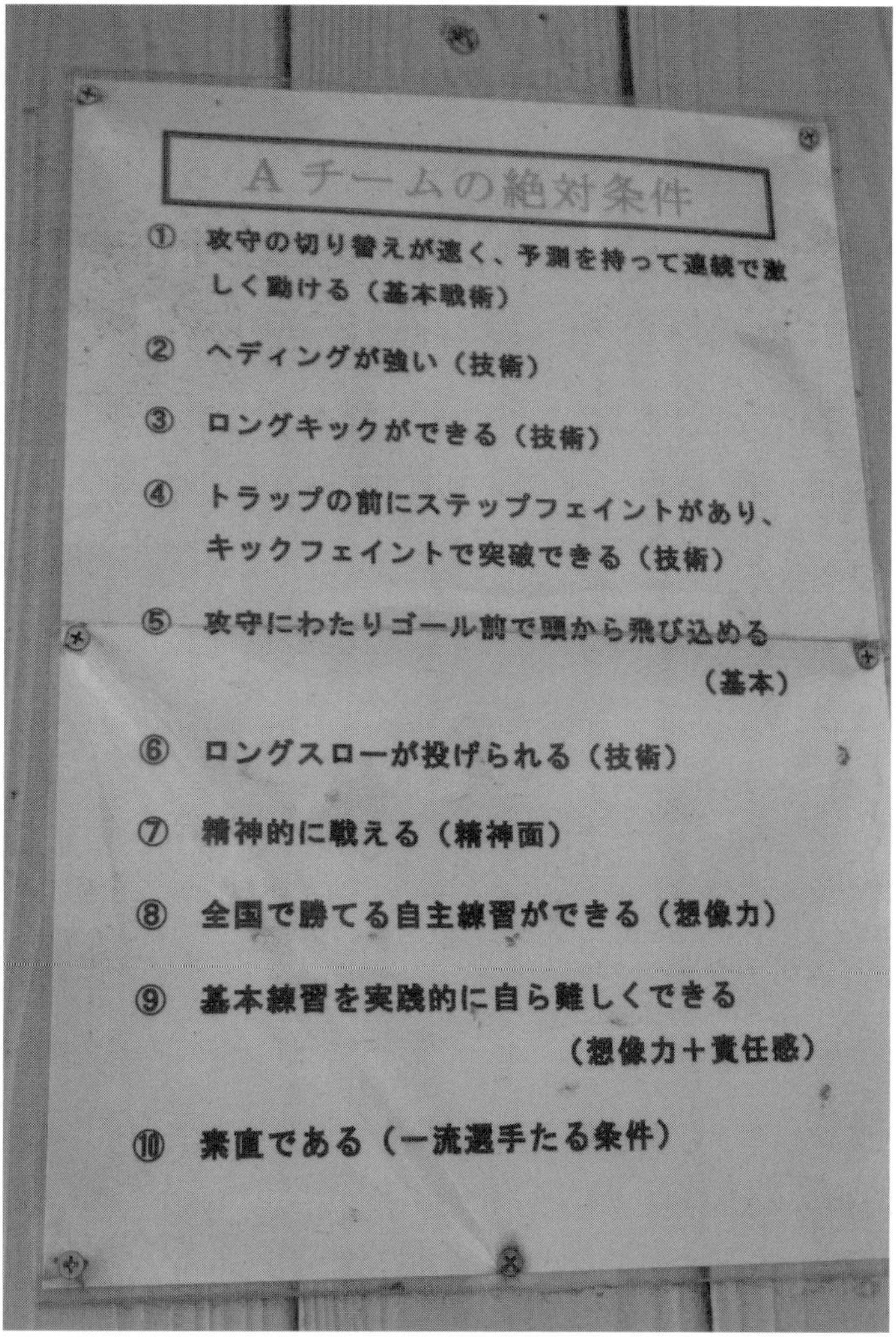
Aチームの絶対条件
① 攻守の切り替えが速く、予測を持って連続で激しく動ける（基本戦術）
② ヘディングが強い（技術）
③ ロングキックができる（技術）
④ トラップの前にステップフェイントがあり、キックフェイントで突破できる（技術）
⑤ 攻守にわたりゴール前で頭から飛び込める（基本）
⑥ ロングスローが投げられる（技術）
⑦ 精神的に戦える（精神面）
⑧ 全国で勝てる自主練習ができる（想像力）
⑨ 基本練習を実践的に自ら難しくできる（想像力＋責任感）
⑩ 素直である（一流選手たる条件）

部員全員が毎日目にする掲示板には
10の「Aチームの絶対条件」を張り出している

以上の10のことが備わってはじめて、Ａチームに入れるのです。

昨年度の全国選手権でも目立ちましたが、近年の高校サッカーはロングスローを活用するチームが増えました。しかしながら、淞南では20年以上前から、ロングスローの重要性を認識していました。そうした掲示物を見ると、サッカーの基本は大きく変わっていないのだと思います。サッカーは進化していると口にする指導者がいますが、ボールを出したら周りを見る意識や、チャレンジ&カバー、ラインの押し上げは大昔から変わらないサッカーの本質です。サッカーの本質が大事と表現しますが、全てが本質なのです。本質を強調しなければいけないのは、本質を抑えていない指導者が増えているからではないでしょうか。

ドリブルスクールのように一つの技術を切り取って教えるのも間違っているように思います。他のスポーツでは一つの技術に特化したスクールがあるなんて話は聞きません。同じ野球でも野手とは別種目に近いピッチャーですら、専門のスクールはないのにサッカーにだけ存在するのは不思議です。ラーメン屋に例えるなら、スープにこだわりながらも麺はスーパーで売られているのを使っているような店は繁盛しないのと同じだと言えるでしょう。チャーシューなどの具材だけではなく、器までこだわる店には敵いません。１つの技術だけでなく、サッカーに必要な要素を全て教えなければ、良い選手に育たないのです。テクニカルなチームが、なぜドリブルの練習をたくさんしているのか意図すらも理解できず、型だけを真似している指導者が多いように思います。

野球の練習法は日本全国どこに行っても大きく変わりません。それ以上の練習方法がないと行きついているから、30年前も今も同じ練習をしているのです。日本サッカーはまだ行きついていないから違いや流行り廃りがあると考えています。ジュニア年代に応じた練習メニューが提唱されたりもしますが、必要な技術はどの年代でも同じです。教えるべき技術を幼少の頃から、きちんと徹底して指導すべきです。

10年以上経っても出身中学は変わらない

淞南への採用が決まってすぐに、高校時代のチームメイトだった選手の出身中学を訪ねて、「来年から島根県で指導者をするので、ぜひ生徒を入学させてください」と声をかけました。赴任した初年度は3人の2年生を含め、選手は15人だけでしたが、1年目からよくこれだけの選手が揃ったと思います。その中にはコンスタントに全国大会に出られるようになり、注目されやすくなった今のチームだったら、プロに行けたと思うレベルの選手もいました。

全国高校サッカー選手権大会に初出場した1997年のメンバーと、初めて国立競技場に行った2011年のメンバーの出身チームが7人も一緒でした。初出場した際のキャプテンの出身チームだった奈良の白橿《しらかし》FCは、後に加藤大樹（モンテディオ山形）が出たポルベニルカシハラの前身チームです。2トップは毎年良い選手を送ってくださる大阪セントラルFCの出身でしたし、GKもイーリス生野が活動している大池中学の選手でした。国立に行った際、一人の先生が「南君の所に選手を送ってきたワシらの見る目があったんだな」と口にすると、大阪セントラルFCの桐畑拓造代表が「たまたまや！」とツッコんで、笑っていました。大阪府の選手が県外留学するようになったのは淞南がきっかけで、当時、関西で二種委員長をされていた先生に「グラウンドがない、大学を出てすぐの監督、実績ゼロと淞南は条件が揃わなさ過ぎている。選手が行く理由が分からない」と言われた上で、「南は高校サッカーの星の下に生まれた指導者に違いない。でないと証明できない」と言って貰えたのも覚えています。

負けても「よくやった！」と称える理事長

淞南がすぐに強くなった理由は、校風もあると思います。来校者がいると、サッカー部だけでなく学生全員がちゃんと立ち止まって挨拶をするのが淞南の決まりですが、私が赴任する前から挨拶を徹底する学校でした。半世紀以上も前から学校を創設した理事長が、「今後は学校教育が自由になり、人間教育が崩れていく」と予想し、とくに挨拶を重視する人だったのです。採用試験の面接の際に、強い人間が放つオーラが凄まじかったのを覚えています。とにかく個性的で、全校集会で、「勉強なんかしなくても良い。何か打ち込む物事さえあれば、人間として成長できる」と話されるような方でした。

印象に残っているのは、赴任1年目で目にした野球部への声かけです。ドラフトにかかりそうなピッチャーが3人もいたので、絶対に甲子園に行けると思っていたのですが、県予選の2回戦で負けてしまいました。試合後に泣いている選手に対し、理事長は「何を泣いているんだ！」と一喝してから、「よくやった！」と称えたのです。

後日、終業式で理事長が投げかけた言葉を聞いて、私は感動しました。「甲子園に行ける学校は、全国でもわずかしかありません。でも、甲子園に行くために頑張っている学校はたくさんあります。そのほとんどの学校は甲子園に行けていないのに、甲子園に行けなかったからと言って、ダメではないのです。頑張ったから良いのです。君たちに頑張らなかった選手は、一人もいません。よく頑張りました」とおっしゃったのです。

そうした方がトップに立つ学校だったので、赴任した当初から制服を着崩した生徒は一人もいませんでした。生徒指導も必要なく、教えるのが楽でした。面接に行った時に生徒を見て、「この学校ならすぐサッカー部も強くなる」と感じたのを覚えています。

持ち味を失っていた小川航基

どんな選手がJリーガーまでたどり着けるのか興味があるので、プロ選手を育てた指導者に会う際は必ずどんな性格だったかを尋ねるようにしています。積極的に話しかけるのは指導者だけではありません。私は人の顔を良く覚えているため、気になる選手にも会ったら声をかけるようにしています。印象に残っているのは、ジュビロ磐田でプレーしている小川航基です。彼が桐光学園高校2年生の3月に時之栖で練習試合をしましたが、持ち味のゴールに向かう姿勢が薄れ、無難なプレーばかりしていました。試合後は監督に雷を落とされ、実家に帰らされたそうです。

翌朝、時之栖まで戻った時にチームバスが来るのを待っていた小川に出会いました。「才能があるのに、もったいない」と感じていた私は、彼に代表に選ばれた選手の典型的な症状だと伝えました。「もっと上手くならなければ」、「パーフェクトなプレーをしなければ」と考えるようになり、周囲が評価していたプレーができなくなっていたのです。淞南も過去に高橋壮也が同じ症状に苦しんでいました。代表に選ばれた直後は持ち味である思い切りの良い縦突破がなくなり、無難なバックパスが増えました。最初は代表に選ばれ、格好つけるようになったのかと思っていたのですが、「皆が見ているのだから、もっと素晴らしいプレーをしなければ」と思い、ブレーキがかかっていると気付いたのです。ですが、代表のスタッフが壮也に求めているのはパスや守備ではありません。「アップダウンの多さのみが評価され、代表になったのだから、上手くやろうなんて思わなくても良い」と声をかけたら、再び持ち味が発揮できるようになりました。

小川には壮也の話を伝え、「君はエースなのだから、そんな格好良くプレーする必要はない。絶対に通用するから、自分のプレーをするべきだ」と声をかけました。以降も、彼が世代別代表で活躍する姿を陰ながら応援していました。後にインタビューで私との出来事を話してくれたのを知った際は、とても嬉しかったです。

ファジアーノ岡山の練習場に行った際は、東福岡高校出身の阿部海大に話しかけられ、「1年生の頃、南先生に『お前はイケる！』と声をかけてもらえたのが、励みになりました」と言ってくれたのも、高校サッカーに携わる人間としての喜びでした。

第3章

淞南を全国大会の常連に導いた方法

甘くなかった現実

就任1年目から良い選手が揃っていたので、もしかしたら選手権にすぐ出場できるのではと期待していましたが、現実はそう甘くありませんでした。そもそも指導者になるまで、私立の高校はお金があって、良い選手が獲れるから強いのだと思っていたのが間違いでした。お金がないのが私立高校の特徴です。バレーボールの授業をしたくても、用具を揃えるのは自分たちのお金です。対して、公立の高校は市や県のお金で買えます。結局は指導者が命をかけているか、かけていないのかの差が結果に繋がっているのです。

私は選手権に出ようと必死でしたが、就任一年目は公式戦での敗戦が続きました。初めて松江地区大会の2回戦を突破できたのも選手権に初出場した4年目です。就任3年目には、大分の日田林工高校と試合し、0－8の大敗を喫しました。翌年、ある懇親会で当時、日田林工の監督をされていた三重野英人先生と一緒になり、その話をしたら、覚えてくださっていました。「我々が大差で勝ちましたが、あの時の淞南はBチームだったのですか？」と聞かれたのですが、ベストメンバーでした。中学と高校時代の伝手を頼り、大阪のチームとの練習試合はしていましたが、近隣で対戦してくれるのは安来高校と地元の中学生チームである松江市立湖東中学と玉湯SCだけ。玉湯SCの長谷川公監督は私の取り組みや高校サッカーにかける情熱を評価してくださり、「2年以内に必ず淞南の時代が来る」と断言してくださっていましたが、皆が鼻で笑ったのを覚えています。

当時は嫌な思いもたくさんしましたが、私は基本的に人を嫌いにはなりません。たとえ一時は敵対していても、今では笑い合って話をする人はたくさんいます。嫌な言葉を耳にした瞬間は当然苛立ちますが、次の日になればすっかり落ち着いていられます。意見が違うだけで、その人の人間性が全面的に悪いかと言えば、それはまた別だからです。

信じられなかった選手権初出場

就任してから3年間はそうした周囲の声を覆すため、「今に見ていろ」の精神で頑張っていましたが、どこと対戦しても大敗が続き、私も選手も「なぜ、こんなに弱いんだろう」と悩んでいました。鮮明に覚えているのは夏の夕方の記憶です。「選手権出場なんて夢だったのかな?」と寮の廊下で落ち込んでいたら、三木という選手の部屋から、ｔｒｆの曲が大音量で流れていました。今でも同じ曲を聞くと、選手権出場を諦めかけていた当時を思い出し、泣いてしまいます。選手も、「90年代の懐かしい歌特集」といった番組を見ると同じ頃を思い出すそうです。

就任4年目の1996年に選手権初出場を決めた

初めての選手権出場を決めた1996年度の第48回大会の予選は、初戦で松江高専に2－0で勝利。2回戦は延長戦の末に松江北高校に1－0で勝ちました。選手たちには試合の進め方と共に全試合で終了のホイッスルが鳴ると同時にまるで優勝したかのような喜び方をあえてするようにと伝えていました。大会序盤で大喜びする姿を見せれば、相手が油断すると考えたからです。当時は準々決勝から決勝まで3連戦だったため、どこかで力を温存しないと全国に行けません。狙い通り、準々決勝で対戦した前年度の代表校である益田高校は、メンバーを落としてきたため、3－1で勝てました。続く準決勝で当たった江津高校もエースが後半から出場したため、2－1で勝利。苦しい勝ち上がりでしたが、私の中ではシナリオ通りに大会が進んでいると感じていました。

益田産業高校（益田工業高校と統合し、現在は益田翔陽高校）との決勝戦は、残り7分での逆転という劇的勝利でした。試合終了と共に選手が1か所に集まり、泣き崩れた光景は今でも忘れられません。優勝して校歌を歌っているのが信じられず、自分の太ももをつねったのを覚えています。当時はまだ会場の浜田市までの高速道路がなかった時代です。今なら問題になりますが、帰り道は選手全員でマイクロバスの窓から優勝旗を振り回しながら、3時間かけて松江市まで帰ってきました。恐らく、学校に戻るまで30回は校歌を歌っていたと思います。

試合当日はニュースを見られなかったため、翌日朝起きてすぐに駅まで行き、新聞を買いました。「淞南学園、初出場」との文字を見て、現実だったと理解すると共に試合の詳細な記事を読んで時間稼ぎのために交代カードを使っていたのに気付きました。興奮し過ぎて記憶から飛んでいたのです。

選手権に初出場した時、2003年の81回大会で藤枝東高校（静岡）に全国の舞台で初勝利した時、初めて国立に行った時と3回ともインタビューの内容は変わりません。「うちに選手を送ってくれた小中学校の先生方に、この場を借りてお礼を申し上げたい。本当にありがとうございました」と話しました。実は、この言葉は大学生の頃から必ず言おうと決めていたものでした。

指導者になってからの恩師との出会い

選手権初出場決めた年は後の指導者人生に影響する出会いもありました。当時、守山北高校（滋賀）の監督をされていた松田保先生が「頑張っていて、今後全国大会に出そうなチームがある」と耳にしてくださり、滋賀県で行うフェスティバルに招待してくれました。淞南の選手がびわこ成蹊スポーツ大学に進学し始めたきっかけも、開校と共にサッカー部の監督に就任された松田先生が「勝つためには淞南の選手が必要だ」と声をかけてくださったからです。そのフェスティバルで対戦したのが作陽高校（岡山）で、０－３で負けた直後に当時監督をされていた木村清先生が私の所に来て、「どこの県のチームだ！　なぜうちがこんな弱いチームと対戦しなければいけないんだ！」と雨の中で1時間近く怒られました。次の日も対戦する予定がありましたが、結局対戦拒否されました。

木村先生と選手権出場を決めた直後に再会すると、「おう！　久しぶりだな。あれから根性入れて頑張っているのか？」と気さくに声をかけてくださりました。二度目の対戦では淞南が勝利し、試合後には「若い奴でこれはと思ったのは、野村（雅之、現・作陽高校総監督）以来だ。お前は今から来る。ワシの仲間に入れてやる」とおっしゃっていただきました。端から見れば、最悪な出会いかもしれませんが、木村先生の発言は正しいと思っていたため、まったく怒りは感じませんでした。全力で頑張っていても、当時の私は至らない点ばかりでしたから。そして、私が苦しい時に身を粉にして、動いてくださったこともあります。木村先生と出会ってなければ今の私はありません。指導者になってからの恩師です。

初めて他チームで涙した坂出商業高校

滋賀のフェスティバルで作陽の代わりに対戦してくださったのは高松商業高校（香川）の宮田賢治先生でした。試合後には「全国大会の経験がないのに、なぜこんなに強いの？」と言ってくださりました。その後、宮田先生は坂出商業高校に赴任し、男子バスケットボール部の顧問を経て、サッカー部を再び立ち上げられました。1年目は5人からスタートし、2年目には17人揃ったそうです。以前から「メンバーが揃ったら必ずお前と試合をする」とおっしゃってくれていたので、すぐに練習試合をしました。以降は何があってもレギュラーメンバーで試合を続けていたら、坂出商業は10年目でインターハイ出場を決めたのです。

その香川県予選の準決勝で坂出商業が勝ったのを知った私は、月曜日に行う決勝がどうしても見たくなりました。学校に「うちが弱かった頃にお世話になった先生のチームが決勝まで勝ち進んだので、見に行かせてください」と連絡をすると、校長は「必ず見に行きなさい」

と言ってくれました。

ウォーミングアップのタイミングで会場に着くと、宮田先生の反応が薄かったので拍子抜けしてしまいました。連絡もなしに突然現れても、「南は絶対に来てくれる」と思っていたから、驚かなかったそうです。

対戦相手は全国大会の常連である香川西高校（現・四国学院大学香川西高校）です。「0対13」というシュート本数が示す通り、相手に押し込まれましたが、粘り強くＰＫ戦まで持ち込みました。5人目のキッカーが蹴るところは、緊張でピッチを見ることができませんでした。そして、勝利が決まった瞬間は思わずスタンドから飛び出してしまいました。後にも先にも、自分のチーム以外の試合で涙したのはこの時だけです。

試合後、宮田先生から「南のおかげだ。香川県の他校が練習試合をしたくても、できない全国大会の常連校の淞南が対戦し続けてくれたから、結果が出た」との言葉を貰いました。私は「逆のことをしてくれたのは宮田先生ですよ」と返しました。

日本一が夢から目標に変わった2010年

淞南は毎年、最後は全員が一生懸命頑張るチームですが、選手権でベスト4に入った

2010年度のチームは中でも印象に残っています。あの代は主力だった松田陸と力（共にセレッソ大阪）の双子の兄弟が卒業し、身長が小さい選手ばかりの年でした。チームを立ち上げた当初は不安視していましたが、1月から3月までの練習試合で無敗が続き、最終的には私の評価を良い意味で覆してくれました。今思えば、あの代はとにかくひた向きな選手が多かったです。

私の心境の変化も大きかったかもしれません。淞南で監督を始めてから、選手権には簡単に行けると思っていましたが、ずっと全国大会のトーナメントを勝ち上がるイメージが持てずにいました。2005年に市立船橋高校の監督をされていた布啓一郎先生（元・松本山雅FC監督）に「どうすれば全国大会で優勝できるのですか？」と尋ねた時に、「南君がダメだから全国で勝てないいんだよ」と言われたのを覚えています。5年後の春に再び同じ質問をした際も同じ答えが返ってきたため、今度は具体的な理由を尋ねました。すると、「選手権なんてすぐに出られると思っていたでしょ？　だから、選手権に出られたんだ。でも、全国優勝する気がないから全国で勝てないんだ」と教えてもらったのです。

インターハイ直前の7月に、様々な部活動で日本一に導いた経験を持つ島根県の指導者が集まる会合に呼んでもらった際にも、「初戦突破が目標なら、全国大会に出ない方が良い」と言われ、布先生の言葉を思い出しました。

2010年、日本一を目指した選手権では準決勝で滝川第二にPK戦で敗退

翌日の練習で選手を集め、「全国優勝すると決めたから。今年はインターハイを狙いに行く!」と伝えました。結果的にインターハイでは準々決勝で市立船橋と対戦し、2－3で敗れてしまいましたが、内容的には手応えを感じ、このチームなら本気で日本一を狙えると思いました。夏休みのフェスティバルでも結果を残し、東福岡高校の志波芳則総監督に「今年、選手権で優勝するのは淞南か滝川第二高校(兵庫)か久御山高校(京都)だ」と言ってもらえました。人間は意識一つで変わる物だと気付かされた瞬間です。

日本一を目指した選手権はPK戦で滝川第二に敗れ、3位に終わりました。試合後のロッカールームで「7月に言った言葉を覚えているか？」と選手に切り出した私は、「全国大会に出場するのが目標で、国立競技場に来るのなんて夢だった。でも、7月に日本一を目指すと言ってから、国立の舞台が夢から目標に変わった。夢から目標に変えてくれたお前らに感謝している。ありがとう」と伝えました。この10年間で3回（2011年、2012年、2015年）もインターハイでベスト4まで進みましたが、彼らは全員「絶対に勝てる」と信じてプレーしていたはずです。3度目の正直を目指した2015年度のインターハイは東福岡に敗れ、「また3位か…」とさすがに落ち込みました。ブロンズコレクターなのは小学校の頃からで、準決勝で負け続ける私の運のせいかもしれませんが、いつか日本一になれると今でも信じています。

子どもたちに夢を与えられる存在に

2012年度の選手権は初戦で、千葉の名門・八千代高校に7－1で大勝しました。島根県出身のある指導者が「淞南が国立に行ってもまだ島根県のサッカー関係者として自信が持てなかった。でも、千葉県代表に7点獲ってくれたおかげで、島根県のチームでもやれることが分かった。ありがとう」とメールをくれました。

2015年のインターハイでは、米子北高校と準々決勝で対戦しました。ほんの数年前までは準決勝をかけて島根県の代表と鳥取県の代表が戦うなんて考えられませんでした。でも、米子北高校は2009年のインターハイで準優勝していますし、淞南はこの10年間で3度もインターハイでベスト4まで進んでいます。淞南からプロに行った選手の3分の1が島根県出身でもあります。常日頃から、選手には「注目を集める舞台に立つ選手は、他人に夢を与えるのが仕事」と言っていますが、山陰の小中学生に夢を与えられる存在になってきたと感じた瞬間です。

淞南のコーチ陣は気遣いの天才ばかり

淞南がコンスタントに全国大会に出られているのは、全国でナンバーワンのコーチ陣が揃っているからだと思います。以前、お世話になっている監督に「監督不在の試合になると、選手の気が抜けるチームが珍しくないけど、淞南は誰が指揮を執っても変わらないのは凄い。指導者の前だから頑張っているのではなく、ちゃんと指導者がサッカーをしている証拠だ」と言ってもらい、誇りに思いました。確かに4人も優秀な指導者が集まってくれたのは、奇跡と言っても良いでしょう。

野尻豪先生は高校時代に選手権出場経験を持つストライカーで、大学卒業後に一般公募で

全国でもNo.1の優秀なコーチ陣が揃っているのも淞南の強み

淞南に来てくれました。私よりも交代の決断が早く、彼のアドバイスのおかげで勝てた試合や選手権に出られた年もありました。
　改めて、凄さを感じたのはコーチ陣が私にくれた去年の誕生日プレゼントです。私は釣りが趣味で、その頃もう一本違う長さの釣り竿が欲しいと思い、釣具店によく通っていました。すると誕生日プレゼントに彼らは、ちょうど欲しかったサイズの釣り竿をくれたのです。一度も口にしたことがないのに、私が欲しがっているのに気付いていたのです。そうした気付きや察知能力に優れた天才なのです。
　そうした気付きを強烈に感じたのは、私がベンチに入れなかった試合での出来事です。この試合の監督は私ではないと思い、事前に選手を集めて、「試合終了のホイッスルが鳴ったら、野尻先生に向かって走れ」と指示しました。２－１で勝利し、選手が一斉に野尻先生に抱き着く姿を見て、選手の思いやりに感動する人が多かったのですが、喜び終えたすぐに野尻先生はスタンドに来て、「ありがとうございました」と言ってくれました。私が作ったストーリーだと気付いていたのです。

淞南にはそうした先生が揃っているから、全国的に見ても決して優秀な選手が集まってくるわけではないのに全国大会に出続けられるのだと思います。そうした感性は誰かに教わって伸びる物ではないと考えています。以前、セゾンＦＣの創設者である岩谷篤人さんに「指導者としての感覚はどうやって身につけたのですか?」と尋ねた際も、「感覚は誰からも学べない」と教えてもらいました。指導者はそうしたセンスが大きく左右する仕事なので、私もこれまでスタッフに一度も指導法を教えたことはありません。

吉岡幹朗先生は部員数が増え、私と野尻先生だけでは選手を見切れないとなったタイミングで来てくれました。神奈川県で就職したＯＢと一緒に選手権を見に行くことになり、「２年間あらゆる大学に募集をかけても人が来ない」と話すと、「奈良育英高校出身で指導者を目指している従兄弟がいます。小学校の教員免許しか持っていないため、なくなく郵便局の臨時職員をしている」と紹介してくれたのが、吉岡先生でした。すぐさま連絡をしたら、快く引き受けてくれました。

ＯＢの門岩敬太先生は、びわこ成蹊スポーツ大学卒業後に1年間、Ｊリーガーを目指して浪人生活をしていたのですが、「無理ならうちに来なさい」と誘っていました。

もう一人のＯＢである山田賢汰先生は淞南に来る前の1年間は大阪の高校で指導者をしていました。赴任する前に、その高校の先生から「山田先生はどんな人物なのか？」と、私に問い合わせがあったので、「間違いなく良い指導者になります。是非お願いします」と頭を下げていました。しかし、数か月後に「今の高校を辞めて、淞南で選手権出場を目指したい」と連絡をしてきたのです。山田先生は教育実習に来てくれた歴代のＯＢの中でも、ダントツで優秀でした。そんな彼の気持ちに応えたかった私は、大阪の高校に「うちに返してもらえませんか？」と連絡をし、島根県に戻ってきたのです。

5年目からコーチとしてチームに来てくれた片山万先生（現・大阪・清明学院高校監督）も謙虚で丁寧で良い指導者でした。これだけ良い指導者が揃っているのは、宝くじで一等を当てたのと一緒だと思っています。

淞南の代名詞であるトリックセットプレーが生まれた理由

淞南と言えば、相手チームを欺くセットプレーを思い浮かべる人が多いかもしれませんが、創部からしばらくはそれほどセットプレーに力を入れてはいませんでした。過去のセットプレーで覚えているのは、一度選手権予選で試した元ブラジル代表のロベルト・カルロスを参考にしたFKです。試合終盤に相手ゴール前でFKを獲得すると、ロベカルと同じ左利きの選手を投入しました。すると、応援団が大盛り上がりするのです。交代で入った選手もスタンドを煽りながら、長い助走をとり、誰もが彼が蹴ると思い込ませた瞬間にボールをセットした別の選手が蹴り、ゴールを決めました。スタンドの盛り上がり方も含め、時間をかけて練習していたプレーだったので、見事に決まった瞬間の喜びはひとしおでした。

本格的にセットプレーに力を入れ始めたのは松田陸と力が高校2年生だった2008年度です。当時はまったく得点が奪えず、試行錯誤を繰り返していた時期でした。そうしたタイミングで過去の選手権予選を何試合か見ていると、どの試合でも解説者が「この試合を分けるのはセットプレーです」と言っていることに気付いたのです。そこから、セットプレーを意識するようになったのですが、当時のチームには高身長の選手が少なく、ヘディングが強い相手には勝てませんでした。翌年の1月に何か良いセットプレーはないかと考えている際に見たのが、過去の福島県予選での決勝戦の映像でした。福島東がゴール前でFKを獲得すると、相手の壁の前に味方選手が膝を立てて座っているのが目に留まりました。彼らがGKの目線からボールを隠すブラインドになり、その状態でキッカーが蹴るとあっさりと2ゴー

湘南の武器の一つトリックセットプレー。
時には「やる」と思わせて「やらない」ことも効果的

ルが生まれたのです。衝撃を受けた私は翌日の朝練でGKを務めてテストをしたのですが、ボールの軌道が見づらく驚くほど簡単にゴールを決められてしまいました。後にJリーグでも多くのチームが採用しましたが、当時はまだ採用しているチームは少なかった時代です。

そこから猛練習し、夏にはセットプレーの得点パターンが複数生まれました。公式戦で初めて披露した選手権初戦では、ブラインドのFKで桐光学園高校（神奈川）からゴールを奪えました。

他には、ルールを把握できていない徳島県の小学生の試合や、松江市の中学生の大会からトリックのヒントを得たプレーもあります。どこに勝つためのヒントがあるかは分からないのです。トリックセットプレーが1つあれば、「やらない」という選択肢も生まれるため都合2種類の武器を手にしたことになります。トリックセットプレーが3種類あれば、それだけで敵を欺く手段を6種類も持つことになるのです。

試合前の準備が勝敗を分ける鍵

島根県には、大社高校の陸上部監督をされていた持田清道先生という指導者がいます。走り方の基本を教わりたかったので、先生が定年になるのを待って、淞南の選手に指導してもらうようお願いしました。「今まではサッカーのライバル校だったから、立場上喋らなかったけど、お前に興味はあった」と快く引き受けてくださった先生は学校に来るなり、「なぜ淞南は、試合前に体操やストレッチをしないのか?」と尋ねられました。それはきっと淞南の選手たちが本番に挑む前の準備が陸上競技の方法に近いと感じられたからだと思います。「私は、ストレッチは必要ないと考えています。私自身が現役時代にストレッチをすると、身体が重たくなり、眠くなっていたからです」と答えると、「正解だ。サッカーの場合、声を出しながら身体を動かすブラジル体操が一番良い」と返ってきました。静的ストレッチは筋肉に、運動の終わりと脳から指示する動作だそうです。可動域は確かに広くなりますが、広がり過ぎるとサッカーのプレーには支障も出ます。大社との決勝前に、全力で走るのみですぐさまアップを終える淞南の選手たちを見て、このチームの指導者はそうした身体の仕組みが分かっていると興味を持ってくださったそうです。

ウォーミングアップにはこだわっており、必ず大きく上方向に蹴り上げたボールをトラップするようにもしています。大勢の観客が見守る中、試合ではあり得ない難しいボールを処理できれば心が落ち着きます。また、落ちてくるボールを周囲の景色に照らし合わせれば、どのタイミングでヘディングをすれば良いか目安にもなるからです。

トレーニングの多くは自らがテスト

選手に行う指導の多くは誰かから教わったわけではなく、自らの経験がベースになっています。私は高校時代から自らの身体を使って、〝人体実験〟をたくさんしてきました。例えば、公式戦がある日の朝に5分間、50mほどの距離を走っているのは、大学時代に何をすれば試合でのパフォーマンスが一番良くなるか色んな方法を試した結果から導き出しました。10時からの試合で走るため、9時半からのウォーミングアップに朝のダッシュを加えた際のパフォーマンスが一番でした。

試合前に動体視力を高める運動をするのが淞南のルーティン

淞南の試合前のルーティンでもある、指を動かし、動体視力を高める動きも自身の経験をもとにしています。今から、15年ほど前にアイドルが動体視力をテストするテレビ番組をたまたま目にしました。1から30までのパネルがランダムに表示される機械を、一定時間の間にいくつ目で追えるかといった内容でした。何もせずに挑むと、12個しか数えられませんでしたが、ある動きをすると動体視力が向上したのです。まずは両手の人差し指を顔の幅で出し、首を振らずに左右の目で追いかけます。次に、顔の高さに左右の人差し指を置き、上下で目を動かします。最後に広げた両手を身体の前方に出してから、身体に近づけるのを目で追います。これら3つの動きを6秒ずつ行ってから、同じテストをすると倍近い枚数を数えられるようになりました。

番組ではバッティングセンターで空振りしていたアイドルが、動体視力を鍛えると打てるようになっていました。私もすぐさまバッティングセンターに行って、3つの動きを行ってから試すと驚くほど打てるようになったので、チームでも取り入れることにしました。指導者に聞かれた際は、「うちのチームは力がないから、最後は宇宙人の力を借りようと交信しているだけ」と答えていますが、実は効果があるのです。

淞南の下山典夫トレーナーが行うマッサージ「ローリング療法」をチームに取り入れたのも、自らが体験し、良さを実感したからです。元々はマッサージの有効性を感じていなかったのですが、手を施術してもらうと驚くほど軽くなったので、チームを診てもらうようになりました。効果が絶大なため、選手によっては向き不向きがあるのは事実です。欠かせず施術を受け、パフォーマンスが向上する選手が多い一方、舩津徹也の場合は身体が動き過ぎて、思っていた場所で止まれなくなると言っていました。

十数年前、アミノ酸がスポーツ界に出回り始めたタイミングでも、自らがテストして有効性を感じたので、チームで採用しました。

PKのキッカーは選手が決める

2018年度の選手権で得点王になった藤井奨也（現・福岡大学）は、中国地方1年生リーグと全国大会、プリンスリーグ中国の得点王にもなった選手です。選手権で得点王になれたのは、決してマグレではありません。小学5年生の頃に初めて彼を見たのですが、利き足の右足だけでなく左足でも良いシュートが打てる選手でした。ダイビングヘッドやボレーでもタイミングよく合わせる感覚を持っていたため、一目見て天才だと思っていました。ただし、速くもなければ上手くもなかったため、多くの指導者から評価されておらず、大社中学を経由し、淞南に入学しました。

彼が3年生の時の選手権予選決勝は1本のシュートで大社高校に先制され、追いかける展開を強いられました。前半の終わりに山田真夏斗のスルーパスから藤井が決めて追いつき、後半途中には鶴野怜樹が倒され、PKを獲得しました。普段からなのですが、1本のキックが勝敗を左右するPKは過酷過ぎて、蹴る瞬間を直視できません。全国大会出場がかかった試合なら尚更です。

特に藤井の場合は小学生時代にPKを外し、全日本少年サッカー大会で全国に行けなかったのを見ていました。高校2年生の選手権予選でも試合開始直後に獲得したPKを外していたため、藤井は蹴らないと思っていたのです。ところが藤井は自らボールをセットしたのです。私が「行ける？」と確認すると、「行けます！」と返答し、ゴールネットを揺らしました。過去の辛い経験を乗り越えた彼は、大した選手です。

淞南はＰＫで勝つ試合が少なすぎると考え、どうしたら勝てるかあらゆる手段を考えました。まず一つ目はキッカーを私が決めないことです。高校時代の新人戦で、ＰＫ負けを喫した試合があり、私が「なぜ先生はコイツに蹴らせないの？」と思うことがあったからです。これは選手にしか分からない心理だと思うのですが、「必ず決められる」と自信を持っている選手がいます。なのでＰＫ戦になった時には、選手には「キャプテンだから、中心選手だからといって蹴るのは間違っている。今日は入りそうだなと思う5人が蹴りなさい」と指示しています。ただし、統計的に3番目のキッカーが外しやすいので、一番自信がある選手が蹴るように伝えています。１番目はもし外しても以降の４人で立て直すことができるため、結果にさほど影響しません。

選手がキッカーを決める方法に変えてからも、負ける試合が多かったので、元日本代表監督のイビチャ・オシムさんを参考にグラウンドから離れる方法も試しました。２０１０年度の選手権で国立行きを決めた準々決勝の西武台高校（埼玉）戦も、ＰＫ戦の瞬間は見ていません。遠く離れたミックスゾーンから少しだけ選手がスタンドに走っていく姿が見えたので勝ったことを知り、遅れてピッチに飛び出しました。ただし、準決勝の滝川第二戦は2つの失敗をしています。1つ目は重みのある国立が舞台ということもあり、PK戦でカッコつけていると思われるのが嫌で、ベンチに留まったことです。2つ目はキッカーへの指示です。5人目のキッカーだった稲葉修土（カターレ富山）が蹴る直前に「左下に蹴ると絶対に止められる」と思い、指示しようとしたのですが、緊張で声が出ず結局予想した通り、左下に飛んだボールをGKに止められてしまいました。あの時にちゃんと指示出来ていれば、決勝に行けたと今でも後悔しています。

試合前日に釣りをすれば勝てる⁉

オシムさんを参考にしたPK戦以外にも、以前はジンクスを大事にしていました。そのうちの一つに釣りがあります。試合前日に近所の海に行って魚釣りをすると常に勝てていたので、それを続けていました。初めてインターハイに出た年は大雨の中、ずぶ濡れになりながら、学校近くの川で釣りをしました。一匹釣れたら止めれば良いのに途中から濁流に流された鯉やフナが大量に釣れ始め楽しくなってしまい、夜遅くまで釣り続けました。2度目の選手権に出場した年はあまりにも天候が悪かったので当時、コーチをしていた片山先生と「神様お願いします。これで許してください」と口にし、釣り具屋にだけ行きました（笑）。

気が付けばゲン担ぎが増えすぎ、弱気になりすぎている自分が嫌になっていました。止められたのは、昨年亡くなられた野村克也監督（プロ野球ヤクルト元監督）が著書で、「ゲン担ぎをして試合に勝てるなら何百個でもする」と書かれていたということを片山先生に教えてもらい、あれだけの名将でも何かにすがりたくなるのかと思い、気が楽になったからです。今は公式戦の前は必ず柿ピーを食べるくらいです。いつも無性に食べたくなるのが不思議だったのですが、精神や目が極度に疲労すると、人間は自然とピーナッツの成分を欲するのだそうです。

1か月後の天気を的中させ、勝利に導く

ゲン担ぎのような神頼みではありませんが、直感を信じることは珍しくありません。2001年度のチームは1年生だった柳楽と共に武田征士という能力の高い3年生センターバックがいました。ただ、夏にふと「武田はいない」と思い、9月からは左サイドバックをセンターバックにコンバートし、武田不在での試合を続けました。同時に必ず10人で戦う試合が来るとも思い、リードを守り切る練習もしました。あの時なぜそう思ったのか、まさに

直感としか言いようがないのですが、実際に予選の準決勝で武田が骨折してしまったのです。ただし、武田抜きの試合を経験してきたため、決勝も違和感なく戦うことができました。また、退場者が出て10人にもなったのですが、それもしっかり準備をしていたので、慌てることなく、全国大会出場を掴み取れました。

過去には1か月先の天気を当てたこともあります。島根県は9月に予選の抽選を行い、10月から大会が始まります。その年はインターハイに出場したため第1シードとして準々決勝の会場を選べました。天然芝と人工芝の選択肢があり、普段なら土で練習している淞南にとって感覚が近い天然芝を選んでいます。しかし、この時は雨が降る予感がして、人工芝の会場を選びました。天然芝は芝が痛むため水抜きをさせてもらえませんが、人工芝なら水抜きができるためです。

そこからすぐ、雨を吸い取る大きなスポンジ100枚と40個のカラーコーンを用意しました。スポンジで吸い取った雨水は大きなカラーコーンに入れて、4人1組のバケツリレーで運ぶ練習も部員全員でしました。試合当日は私の予想が見事に的中し、大雨となりましたが、ウォーミングアップが始まると共にテキパキと水抜きができたため、何の問題もなく試合ができました。天然芝の会場はまったく試合にならないコンディションだったそうです。周りの先生に「なぜ人工芝嫌いの淞南が人工芝の会場を選んだのか不思議だった」と言われ、「1

か月後の天気が分かっていたからだ。どうだ！　これが俺の力だ！」と胸を張ったのを覚えています。こうした直感が浮かぶ時もあれば、一切何も浮かばない時もあります。思い浮かんだ際は後出しじゃんけんにならないよう生徒には公言しています。

選手が万全の状態で試合に挑める仕組み

試合前の身体の動かし方と共に、選手が何も苦痛を感じず試合に挑むための方法も常に模索しています。例えば、夏場の試合では水分補給が重要になりますが、淞南は大きなタライから、コップで水をすくって飲んでいます。他チームと同じようにスクイーズボトルで飲んでも、一気に飲める量は限られており、水分補給の狙いである体温を下げる効果が低いためです。夏場は汗でユニフォームが重くなり、時間経過と共に快適に動けなくなるのを避けるため、ハーフタイムに控え選手に乾燥させるようにさせています。その方法とは一度、氷水に浸けてから、手動の脱水機で水分を絞るのです。掃除の時に床拭きをした後、モップを絞る生徒を見て、思いつきました。24時間どんなところにも、サッカーで勝つためのヒントが溢れているので、指導者は常に感度を研ぎ澄ませられるかが大事なのです。

ユニフォームにも快適にプレーするための細工がしてあります。市販のユニフォームだと、試合途中に袖が気になって何度も捲り上げ、気が散ってしまうので、捲り上げる必要がない長さに加工したユニフォームを使用しています。湘南がキャプテンマークを巻いていないのは、他のチームよりも袖が短いからです。

着た際に身体が小さい選手が小柄に見えないよう、身幅にも工夫していますし、胸に入る「SHONAN」の文字も相手に威圧感を与えるため、通常よりも少し上に貼っています。

身体が動きやすい体温を保つには、9度以上の温度の日は半袖でプレーした方が良いとも考えています。普段から常に半袖で練習しているため、選手たちはみな寒さに慣れており、冬場でも長袖のユニフォームはほとんど着ません。ソックスもズレて下がらないように使い古した物ではなく、インターハイと選手権では必ず新品を買って履かせています。パンツも見栄えの良さにこだわり、他のチームより短い物を別注しています。些細なストレスでも積もれば、選手のパフォーマンス低下を招くからです。

話し合いは常に前向きに

ハーフタイムには必ず選手同士で話し合う時間を設けていますが、話す内容には注意するようにしています。育成年代では、自分にとって都合の良い話ばかりをして、チームがネガティブな雰囲気になる話し合いが珍しくありません。例えば、FWがチームメイトに対し、「俺がパスコースを制限しているんだから、もっとインターセプトを狙ってよ」と不満混じりに要求するケースです。こうした場合、淞南では「俺は前から奪いに行く」と自分のやりたいことしか話さないようにしています。周りの選手に対しての指摘は、禁止です。そうすれば、中盤の選手は「俺はこぼれ球を狙う」、DFの選手は「絶対に空中戦で競り勝つ」とポジティブな発言が続き、チームの雰囲気は良くなるでしょう。

試合中でも、前線の選手がボールを失った際に「もっとフォローを速くして」と周りの選手に伝えると、周りの選手は「FWがすぐに奪われるからフォローに行けない」と考え、チームの雰囲気が悪くなります。しかし、「次はもっとキープできるように頑張る！」と話せば、周りの選手は助けるために素早くフォローに走ろうと前向きに次のプレーを頑張れるでしょう。高校生は放っておくと、そこまで考えて発言しないので、最初のきっかけとして大人がきちんと声掛けの方向性を示すべきだと考えています。

野球で例えるなら二回も三振した、エラーをしたなど反省は自分一人ですべきです。チームメイトに対しては「次は必ず打つから！」と前向きな言葉を発し、チームの雰囲気を良くすれば、試合で勝つ力になるのです。特に、インターハイや選手権のような短期決戦には大切な考えで、大会期間中はチームを良くするための行動、発言、表情をすべきで、負のオーラは一切出さないよう伝えています。

こうした発想の原点は元日本代表の中山雅史選手（元・アスルクラロ沼津、現・ジュビロ磐田コーチ）のダイビングヘッドとスライディングです。身体を投げ出しても届かないクロスに対しても、中山選手は必ず味方に「ナイスボール！」と伝えます。ダイビングヘッドやスライディングでも届かないようなボールは明らかにパスミスですが、それでも前向きな言葉をかけられたチームメイトは「次は必ず良いボールを出します！」と次のプレーの活力になるのです。

梅木翼は高校時代から、常にそうした前向きなプレーができる選手でした。チームが上手く行かない時に守備から試合に入ろうと考え、届きもしないスライディングを繰り返し、チームを盛り上げていました。ボールに届かず、セカンドボールが拾われても、「こぼれ球に反応しろよ」とチームメイトに愚痴をこぼすのではなく、「悪い！　俺が寄せきれなかった」と口にしていました。そうした前向きな言動を続けるから周りが発奮し、チームの雰囲気が良くなるのです。

淞南は選手権予選の試合と大学の受験日が被っていたら、控え選手であっても受験よりも試合を優先し、志望大学を変えることが珍しくありません。私は受験を優先しても良いと思っていますが、選手はチームが勝つために精一杯応援をしたいと考え、試合を優先するのです。

過去には受験のため、選手権予選を欠場した選手がいました。チームはその試合で敗れ、全国大会への出場を逃したため、彼には後悔が強かったと思いますが、卒業式に嬉しかった話として、敗れた試合について話してくれました。「高校生活最後の公式戦を自分の都合で見届けられなかった。寮に帰ってから真っ先に謝るべきなのは自分なのに、出場したメンバーに謝られた。そんな仲間思いのチームで3年間プレーできて幸せでした」と。チームによっては、「お前がいれば勝てたのに」とチームメイトから愚痴をこぼされることもあるでしょう。私自身も常に仲間を思い、前向きになれる言葉をかけ続ける彼の高校生活に立ち会えて、幸せでした。

前向きな思考は高校を卒業して社会に出てからも求められる要素だと考えています。同級生だから、同じ部に所属しているからとの理由でなんとなく人付き合いをする高校生までとは違い、大学生や社会人になると違和感を覚えれば人付き合いをする必要はなくなります。自分が上手く行かない時に不貞腐れていても、周りが「元気出せよ」と励ましてくれていた高校までとは違い、無視されるようになるのです。年を重ねるごとに自分と合わない人に合わせる時間はもったいないと考えるようになり、気の合う人、心が通じ合える人との時間を大事にするようになります。一緒にいて、暗い気持ちになるような人だと人付き合いがなくなってしまうのです。

そうした思考はプロスポーツ選手にも当てはまると思います。Ｊクラブの収入は、ファンやサポーターの方からの入場料がその多くを占めています。チームを応援する人だけでなく、〝あの選手を応援したい〟と思う人たちが足を運んでくださるから、選手はサッカーで生活ができるのです。ネガティブな言動する選手であっては、応援する人が増えません。チームが勝てず苦しい状況が続いたとしても、人前では常に明るく前向きに振舞えるのが、一流のプロスポーツ選手の条件だと考えています。

大事な試合に向けて、走れる身体に仕上げる

多くの人が湘南は走力トレーニングが多いと思われているかもしれませんが、走力トレーニングに時間を割くのはもったいないと考えているため、走るのは毎日の練習後に行う2往復3本（約670ｍ）のダッシュのみです。よく知り合いの指導者から、「短い時間しか走らないのに、なぜ90分間ずっと走れるの？」と聞かれるのですが、大事な試合前には必ず耐乳酸能力を上げるために、グラウンドで高地トレーニングのようなメニューを行っているからです。1分間の1対1を繰り返す体力的に苦しいトレーニングを続けるうちに、身体が錯覚を起こし、苦しさを感じる基準が自然と高くなるのです。

そのトレーニングは2週間以上行うと、血液乳酸値が上がり過ぎて極度に疲労するため、インターハイや選手権など全国大会への出場がかかった大一番のみで行います。極限状態のような練習を毎日こなした状態から、試合の3日前からは練習時間を大幅に短縮すると試合で選手は持っている力以上に動けます。

また、試合の3日前からは学校近くにある温泉に行き、疲労を回復するようにもしています。入浴後2時間経っても、身体が温まっている温泉は泉質が本物なので、お勧めです。

多くの人の目に触れる選手権予選の決勝を見て、淞南の選手は凄く走れると言ってもらえるのですが、実はあれだけ走れるのは限られた試合だけなのです。

得点がなぜ生まれるのか分析する

2018年のロシアワールドカップでは、ボールポゼッションの高さと勝敗が比例しないと改めて分かりました。ボール保持率が高いチームと低いチームでは、低いチームが勝つケースが多かったのです。淞南では、パスを繋いでボールを保持するのではなく、いかにゴールを奪うかを目的にしています。相手がボールを奪った直後がチャンスです。素早くボールをさらに奪い返せば、相手は再び奪い返すだけの力が残っていません。また、攻撃へと切り替えるタイミングでもあるので、カウンターからゴールが奪いやすいのです。

一方で、ＦＷがボールに触った回数が多いチームの勝率は比例していました。２００２年の日韓ワールドカップは、ＦＷのスライティング回数が一番多かったブラジル代表が優勝しています。得点王になったロナウドのボール奪取が一番多かったのです。ですが、ブラジルが早期敗退した２００６年のドイツワールドカップでは、ロナウドのスライディング回数は０回でした。ポゼッションの仕方などに注目するのも大事ですが、なぜ得点が奪えて勝っているのか細かなデータに目をやるのも重要です。

バルセロナのリオネル・メッシもドリブルが上手いから点が獲れるのではなく、ペナルティーエリア内にトップスピードで入っていく回数が世界一だから点が獲れるのです。１試合の走行距離が12㎞近い数字を叩き出す選手が当たり前になっている中、メッシの７㎞前後という数字に物足りなさを感じる人が多いでしょう。ただ、自陣に一度も戻らずにこの数字を叩き出すのは、マイボールになった瞬間に必ず走り出さなければ不可能です。攻撃面だけで見れば、驚異的な活動量と言えるでしょう。中盤が前を向いてボールを持ったら、自らにパスが出なくてもプレーを止めないのもメッシの特徴です。味方がボールを持っている限りは、ゴール前への侵入を狙い続けるから、こぼれ球を押し込んだゴールが多いのです。

タッチラインを割ったり、ファールでプレーが途切れない限りは、足を止めてはいけません。そうした意識を養うため、淞南は練習で右からのクロスを中央で合わせられず、誰もいない反対サイドに流れてもタッチラインを割るまではプレーを止めません。実際の試合でクロスが合わなかったからと言って、攻撃を止めないためです。練習でグダグダになった時点でプレーが止まるチームは、試合でもDFがクリアした瞬間にアラートな状態ではなくなるため、隙を突くチャンスが出てきます。

シュートフォームはタイプによって違う

得点の大半は、ゴールキーパーのこぼれ球を押し込むようなパス0本の状況かつ、ゴールエリア内でのプレーです。DFの警戒心が高まるゴールエリアにはグラウンダーのボールは通りにくく、ほとんどは膝より上の浮き球です。そのため、左右どちらからのボールでも合わせられるよう両足とヘディングで強いシュートが打て、インステップキック、インサイドキック共にボレーで合わせられる選手がFWの理想です。そうした感覚はテクニックとは無関係で、たとえテクニックや身体能力が高くても、シュートを外す選手は珍しくありません。反対に器用なプレーができなくても決定力だけは高い選手もいるため、シュート技術や得点感覚は練習で伸ばすのは難しいと考えています。

そのため、湘南ではシュート感覚に長けた選手は、これまでのポジション関係なく、前線を任せようと決めています。過去には、天才的な得点感覚を持っていたため、Jのアカデミーへ行くだろうと思っていたのに声がかからず、湘南への入学を希望したFWの選手がいました。中学の指導者に理由を聞くと、「身体は大きいけど、足の速さや俊敏性、技術がないから、きっと高校に行くとセンターバックにコンバートされる。でも、本人はFWとして勝負したいと思っているので、湘南なら得点感覚を買われてエース格になれると色んな指導者に言われたので、入学を薦めた」と返ってきました。

日本には得点感覚がありながらも、欠点ばかりに目が行き、埋もれたままで終わるFWが少なくありません。いくら点が獲れても、守備ができないからと試合に出さないといった考え方は、私は違うと思います。彼らが持つ得点感覚を評価し、ちゃんと起用すべきなのです。

パスやトラップといった基本技術と同様にシュートの正しい打ち方を教えるのも忘れてはいけないポイントです。きちんとしたフォームでシュートを打てば、高確率で決まりますが、外す場合はたいてい打つ際の目線が悪いケースが多いです。小学校時代に教わった良くないフォームや仕草が身体に染みついているため、時間をかけて矯正するしかなく、自然と湘南はシュート練習が多くなるのです。

ただし、シュートフォームは選手のタイプによって違います。同じゴール前に抜け出した状況でもスピードタイプの永井謙佑（ＦＣ東京）と、技巧派タイプの柴崎岳ではスプリント能力が違うため、正しいシュートの打ち方が変わってくるのです。インステップキックが上手い選手、インサイドキックが上手い選手でも、正しい打ち方は違います。元フランス代表のティエリ・アンリはスプリント能力が高い選手に合った打ち方が正しくできる選手で、必ずボールを持った足と同じサイドにシュートを打っていました。

自らに合った正しいシュートの打ち方が理解できていても、チャンスが来ると慌てて、フォームを意識せずに打ってしまいがちです。そのため、何万回もシュート練習をして、打つ瞬間に「監督が言っていた打ち方をしよう」と思い出せるようになって欲しいのです。

シュートセンスの見極めが重要

サイドからのクロスは落下点を読みやすいため、相手にヘディングで跳ね返される可能性が高いのですが、サイドから膝上の高さに入れた浮き球のパスは、戻りながら対応しにくいため、相手ＤＦにとってはとても厄介です。対応を間違えればオウンゴールの可能性も高まるため、淞南では〝ハプニングボール〟と呼んでいます。こうしたボールにうまく合わせるセンスを持った点取り屋タイプの選手がゴール前に飛び込めば良く、守備的なボランチなどの選手は無理してゴール前に顔を出す必要はありません。後方でこぼれ球を待ち構え、ミドルシュートを狙えば良いのです。

よく見られる、センタリングに対して全員がニアに飛び込むような練習は、練習のための練習で、試合には活きません。淞南では日頃の練習から、自分のポジションや適性に合ったシュートの動きを意識させているため、同じ3人組や5人組のシュート練習でも一人ひとりのゴールの狙い方は千差万別です。

土のグラウンドにこだわる理由

学校のグラウンドを人工芝に張り替えるのは簡単にできます。理事長に何度か打診

人工芝では選手が成長しなくなるので敢えて土のグラウンドにこだわっている

されましたが、私は「絶対に必要ありません。人工芝に替えたら、選手が成長しなくなります」と断り続けています。また人工芝だと簡単に急停止できるので、DFがステップを踏まなくなり、ドリブル突破への対応が弱くなります。人工芝では正しいスパイクの種類を履かないと捻挫や第五中足骨を負傷しやすくなるのも土のグラウンドにこだわる理由です。よく日本代表がアジアの大会で、いつもとは違う芝に苦しみますが、淞南の選手は普段から思い通りにプレーできない土で練習しているため、どんな状況でも違和感なくプレーできます。

ただし、人工芝での試合も多いため、選手が慣れるためにも週の半分は近所にある市営グラウンドで練習しています。平日の昼間なら、他にグラウンドを使う団体がおらず、料金も格安で利用できると気付いてからは、サマータイムをヒントに8時45分からだった1時間目の開始時間を20分早め、授業時間を前倒し、15時には練習ができるようにしました。生徒の多くが寮生で、各々の部の自主練のため7時にはほぼ全員が学校に来ている特殊な高校だったのも授業時間を柔軟に変更できた理由です。

勝負と育成の両立によって、選手は伸びる

細部まで徹底し、勝負にこだわるのは育成と勝利を同時に追い求めなければいけないと考

えているからです。高校3年間で良い選手に成長しても、多くの人に見てもらわなければ意味がありません。サッカー選手には目指すべき目標が必要で、頭が良い子どもはただ勉強に励むから賢くなるのではなく、〇〇大学に入学したいと具体的な目標を立てて努力するから、より勉強ができるようになると考えています。

サッカーの場合、良い選手が一人でも多く育てば、自然と結果もついてくる側面もあるでしょう。全国大会に出場したり、大会で一つ上のステージまで進めば自分より更に上のレベルの選手と出会い、刺激を受け、選手がより努力するようになります。勝ちを目指す過程に価値があり、究極を言えば勝ち負けはどうでも良いのです。

トーナメントは、優勝する一校以外は全てのチームが負けるシステムです。言い方を変えると、負けるためにあるのがトーナメントなのです。どれだけ頑張っても最後に訪れる悔しさに打ち勝って、強くなるためのきっかけを作ってくれる仕組みと言えます。吹奏楽部など文化部の活動にも順位付けされるコンクールがあり、1位の学校以外は悔しさを味わいます。超えられない壁があるからこそ、人間は成長できるのです。選手にサッカーの楽しみを伝えたいから負けても良いと最初から勝負に挑まないチームは、子どもに敗戦から何を学ばせるでしょうか？　部活動は負けを経験させるための活動で、生徒にとっては貴重な体験になるはずです。

新型コロナウイルス拡大の影響で、昨年は春と夏の甲子園が中止になりました。戦わずして、負ける経験を日本中の高校球児が味わいました。高校3年間の全てをかけてきた舞台が無くなっても淞南の野球部は気落ちする様子は見せず、翌日からも一生懸命練習に励み続けていました。全力で高校野球と向き合う彼らを見ていると、かける言葉は見つかりません。何か一つ言えるとすれば、この経験を将来何かの形で活かして欲しい。これ以上は存在しない今回の悔しさを乗り越えれば、飛躍的に成長できます。野球部には、それを乗り越えられる生徒しかいないと私は信じています。

選手としての成長が、人間としての成長に繋がる

人の価値観とサッカーの価値観は、イコールではありません。年月をかけて自分が追い求めるサッカーを追求する楽しみは理解できますが、私には高校生活で与えられた期間内にサッカー選手として成長させなければいけない使命があります。そのためには勝利を目標にし、選手を精神的にも技術的にも成長させるべきだと私は考えます。バルセロナが選手を人間的に成長させようと考えているかと言えば、そうではないと思います。第二のメッシを育てようとすると、精神面や勉強も伸ばさなければいけないといった後付けの理由が出てくる

のです。プレーだけでは通用しないから、語学力が必要だと気付き英語を教えるわけであり、英語を教えたからといってサッカーが上手くはなるわけではありません。

ポルトガル代表のクリスティアーノ・ロナウド（イタリア・ユヴェントス）も10代の頃は、悪童と呼ばれた選手でしたが、プロの世界で過ごすうちにプレー以外の成長が重要だと感じ、精神的に大人になっていったのだと思います。人間が成長したから、サッカーが上手くなったわけではないのです。

例えば、ラーメン店は、味が良いだけでは通用しません。接客技術も必要になるでしょう。かといって、接客技術だけを教えても店員は成長しないため、まずはラーメンの作り方を教えるべきなのです。

今の高校サッカーは、選手としての成長と人間としての成長の二つを切り離した議論が多く、違和感を覚えます。人間性が先に成長し、サッカー選手として成長する選手は確かにいますが、サッカーの技術が良くなって、人間性が良くなる選手もいます。そして中には、人間性とサッカーの技術が同時に高まっていく選手もいるでしょう。

以前、高校日本代表の監督を務めた経験もある出雲農林高校のカヌー部監督の大畑篤郎先生に、淞南の生徒への講演をお願いしたら、今までに聞いたことがない興味深い話をしてくれました。

大畑先生は「スポーツ選手は人間性や学校生活をきちんとやるのが重要だと言われますが、私はそんな物はどうでも良いと考えています」と切り出したのです。勝ち上がれば勝ち上がるほど寄付をしてくれる人や、支援をしてくれる人が増えてくるため、どのような形でその人たちに感謝の気持ちを示せば良いか自然と考えるようになり、学校生活やマナーをきちんとするようになるのだと言うのです。最初は人間性なんかどうでも良く、勝つことが大事だけど、上に行けば行くほど人間性がないとスポーツは勝てないと話してくれました。大畑先生の話を聞くと、いつも1、2回戦で負けるようなチームでは、監督がいくら礼儀やマナーを求めても身を持って実感する機会がないため、思い通りに人間性が成長しないのかもしれないと感じさせられました。

大人になれば人間関係は変わる

指導者と同じで先生も気付きが大事な職業です。生徒の変化に気付き、手を差し伸べた方が良い時があれば、気付いていないフリをした方が良い時もあります。男子は14歳、女子は12歳くらいから人間の欲求で集団欲が芽生えます。クラスメイトにどう思われているのか、嫌われたくないから周りと合わせようといった欲求ですが、精神的に大人になるとそうした欲求は一切なくなるのです。

淞南でも1年生を見ているとまだグループ単位での行動が多いのですが、3年生になると単独で行動するようになります。選手を観察していると1年生のうちは仲良しだったのに、3年生になると関係性が変わることにも気付きました。最初は不思議だったのですが、寮生活を続けるうちに家族のような関係性になり、好きでも嫌いでもなくなると理解しました。そうなると性格が合わない2人でも違和感なく一緒にいれるようになりますし、本当のピンチではお互いに助けようと全力を尽くすのです。これは寮のあるチームの特徴であり、一緒の空間で大人に成長するから見られる現象だと思います。

豊かな感性がスポーツには必要

今シーズンから共にセレッソ大阪でプレーする松田陸と力は、サッカー選手として成長するうちに人間性がより高まっていった選手です。突然、選手を連れて試合を観に行っても、私が何も言わなくても「チームが緩んでいるから何か言って欲しいのだな」と私の気持ちを理解して、選手に伝えて欲しかった話をしてくれます。人の思いを感じ取る研ぎ澄まされた感性の持ち主なのです。

サッカー選手として成長するにつれて人間性も高まった松田陸（上）、力（下）

2人のような研ぎ澄まされた感性は、スポーツで活躍するために必要な力です。中学校までワンパクだったと言われる選手の多くが、小学校や中学校時代は教員に逆らうような子どもだと考えていますが、彼らは話をちゃんと聞いているからこそ、教員の言葉に粗が見えて苛立つのです。話をボケーと聞いているような子どもなら、聞き流しているでしょう。そうした子どもは、「スポーツだけはちゃんとしている」と言われがちですが、単に大人側に魅力を感じていないから、学校では反抗的と思われる態度になるのだと思います。

選手起用は贔屓せず、サッカーの実力が優先

日本の指導者の場合、人間性が大事だと選手を切り捨てる一方、プロになれると踏んだ選手に対しては、いくら態度が悪くても、「アイツは規格外の選手だから」と特別視する人が少なくありません。言っている言葉に一貫性がないのです。それに比べれば私ははっきりしているかもしれません。もちろん部の規律違反や法律違反をした選手はアウトですが、選手には「英語のテストで100点の生徒にはいくら授業態度が悪くても、100点と書かなければいけない。それはサッカーでも同じ」と伝え、サッカーが上手ければたとえ態度が悪くても試合で起用します。下手でも頑張っているからと試合で起用するのは指導者の贔屓だと

考えているからです。

実際、過去に強かった代には態度が非常に悪くてもレギュラーだった選手がいましたが、大学に出す書類には一切何も書きませんでした。本当の評価をしたなら、「態度は悪いですが、スピードがあり、サッカーの感覚に優れています。ただ、あまりお勧めしません」と書いていたでしょう。他の指導者なら良いところだけを書くのかもしれませんが、私は嘘はつきたくないので、彼の書類に何も書きませんでした。

価値観を大人に変えるのが指導者の役割

普段の態度に問題のある選手に対して何も手を打たないわけではありません。人間的に成長させるために、まず学校の雰囲気から変えようとします。人間の本質は変わりませんが、価値観は変わります。例えば、中学時代は大きめのサイズのスウェットを着て、コンビニの前に座り込んでいる子どもでも18歳になれば同じ姿は格好悪いと感じるでしょう。そうした以前とは違った価値観を与えてあげるのが、教員の仕事です。先生のようにピシッとスーツを着こなしたいと思えた時点で大人の価値観に成長しています。制服を着崩すのが格好良いと思っているのは、まだ精神的に子供なのです。

私が意味を理解できなかったのは、あるドラマで見られた主役の設定です。本来スーツを着るべき弁護士役なのに、ジーパンを履き、人とは違った視点を持っているということをアピールしますが、ずっと「ちゃんとした格好をして欲しい」と思って、見ていました。あの格好を受け入れる人たちが理解できなかったのです。あと何十年かして主人公を演じた俳優のことを知らない世代が出てきて、当時の映像を見れば、きっと格好悪いと感じるのではないでしょうか。

誰が見ても違和感を抱かない普遍的な正しい価値観はいつの時代も変わらないと思います。一度身に付いた価値観は、大人になってもそうそう変わることはありません。

登録メンバーは一人で決める

大会の登録メンバーを決めるのはいつも胸を痛める作業です。メンバーは全て私が決めており、コーチ陣にも一切相談しません。選手にも「俺が一人で決めた。外れた選手は俺の責任だ」と伝えています。

２０１７年度の大会から選手権の登録メンバーが25人から30人に拡大し、メンバーを決めるのがさらに難しくなりました。26番目の選手と50番目の選手の力はほとんど変わりません。

高校3年間頑張ったのも一緒なので、選考基準が無くなってしまうのです。選手も曖昧な理由ではきっと納得がいかないと思います。誰もが納得できる理由を作ろうと、一回PKで決めたこともありますが、止めてしまったGKの立場がなくなるので次の大会からは止めました。メンバーを発表する際に選手の表情を見るのがきついので、私は以前の25人登録の方が良いと考えています。25人ならギリギリ私の気持ちが耐えられるからです。

初出場した際は3年生が12人、2年生が13人だったので上級生だけで登録メンバーの25人が埋まりました。ただし、GKは3年生と1年生に1人ずつだったので、リザーブのGKを登録すると2、3年の上級生の中から1人だけ外れてしまうことになります。私は何も悩まず、1年生は全員外し、2、3年生だけで戦うと決めました。もし、GKが怪我をすれば大会を諦めようと覚悟を決めたのです。今振り返ると監督としては甘い決断だったかもしれません。でも、当時26歳だった私は1人だけを外せなかったし、外すべきではないと思ったのです。大会を勝ち上がるよりも、頑張ってきた選手が選手権という晴れ舞台を経験する方が、価値があると考えました。

初の全国大会の1回戦、試合中にGKが接触プレーで倒れ、しばらく起き上がれませんでした。試合が止まったタイミングで、私はドクターバックを持たずに駆け寄り、GKに「交代する選手がいないから、頼んだ」とだけ伝えて、ベンチに戻りました。今では笑い話ですが、自分のことながらこれほどいい加減な指導者はなかなかいないのではないかと思います。

選手に貴重な経験を積ませたい

交代枠が4人から5人に増えたことには感謝しています。頑張ってきた選手は一人でも多く、選手権の舞台に立たせてあげたいからです。小学生の時に読んだ『仰げば尊し』という野球漫画を今でも覚えています。亡くなった監督の代わりに就任した新監督のもと、チームが強くなっていくストーリーで、重みのあるセリフが印象的な作品でした。その中で、決勝で負けているチームが最後の思い出にと3年生を代打で出すシーンがありました。確かに世間一般の感覚で考えると勝負を諦めた温情采配のように見えるかもしれません。しかし、その子にとっては、何万人もの観衆が注目する中で打席に立つような経験は恐らく今後一生ないでしょう。生徒にとって、これほどプラスの経験はありません。作中での監督は「負けを認めたかもしれないけど、この子にとってプラスになるから私は代打で出す」と起用理由を説明していました。結果、デッドボールで一塁に出て、今度は代走でまた違う選手を使いました。この監督の考えに共感しているので、私も選手権ではなるべく多くの選手を起用するようにしています。

また、全国大会で多くの記者に囲まれ、取材をされる経験は人生で滅多にできないことなので、連戦ではない限り、なるべく時間をとって取材してもらっています。国立に行った年は一人の選手の取材が長引き、チームバスが出発できないことがありました。関係者が気を使って、取材を止めようとしたのですが、私は「そのまま続けて」と伝え、続行してもらいました。

選手権予選は予告先発

選手権予選での起用法も多くの選手を試合で使いたいとの考え方が基本です。ベストメンバーで挑むのは決勝しかありません。選手にはメンバーを落とすのではなく、一番大事な決勝に向けて累積で出られない選手を出さないため、そして疲労を貯めないために起用すると伝えています。頑張ったご褒美として出場させるのではなく、大事な試合に挑むための貴重な戦力なのです。

選手には、大会が始まる数週間前にどの試合で起用するか予告し、親御さんや小中学校時代の指導者にも見に来てもらうよう伝えています。出番が分かっている選手は、「2回戦の後半10分過ぎまでに高校の3年間全てを捧げよう」と今まで以上に練習への気持ちが入り、試合でも活躍してくれます。

2019年度の選手権予選では準決勝で開星高校と対戦しました。淞南には開星の附属中学出身選手がおり、私を知る指導者は全員、必ずその子が試合に出てくると思っていたそうです。ただし、その考え方は2通りに分かれていました。1つは優しい監督だから本人の頑張りを証明させるためにも起用するという考え方。もう1つは、相手チームへの嫌がらせの為に起用するという考え方です。双方とも起用するとの意見は同じですが、見る人の捉え方によって考え方は違います。

その試合に出すと決めていた私は後半に入り、彼に交代を告げると物凄い熱量を感じました。それほどまでに中学時代のチームメイトとの対戦にかける気持ちは強く、その試合での彼は怪我を恐れず前線から一生懸命ボールを追いかけ、チームの勝利に貢献してくれました。

こうした選手の全力を引き出すのが、育成の原点です。ボール扱いを良くするだけが育成ではないのです。ボール扱いの上手さは、プロサッカー選手以外に必要ありませんが、部員の多くは高校や大学までで選手を辞めます。プロサッカー選手になれたとしても、現役でいられる期間は短いため、ボール扱いが必要な期間はごくわずかです。もちろん淞南に来てくれたからには少しでもサッカー選手として成長させたいと考えていますが、それ以上にどんな物事でも一生懸命頑張る気持ちを育てたいと考えています。

ピッチの選手たちの背中を押す、一体感のある熱い応援は湘南の特徴

応援に回ると思いながら練習を頑張るのは難しい

湘南の特徴として多くの人に挙げて貰える一体感のある応援は私の実体験がもとになっています。高校時代の私は身体能力が高かったため、1年生から試合に出ていました。上級生に混じってピッチに立っていたのであまり責任感を感じず、思い切ったプレーをして、「あの選手、本当に1年生なの？」と周囲に思われたいと頑張っていました。2年生の時は、中弛みしたくなかったので、自分が中心選手になるつもりでいました。3年生になってからは、「俺が試合を決める」くらいの気持ちでサッカーに取り組んでいましたが、6月にインターハイ予選が終わってから1学年下の後輩にポジションを奪われてしまいました。1年生からずっとチームメイトに応援される立場だったので、試合に出られなくなると途端に心が折れ、夏休みには不貞腐れていました。

当時の桜宮高校は、70名ほど部員がいたのですが、高校からサッカーを始めた選手が2人だけいました。夏以降はBチームに落ち、彼らと一緒に走力トレーニングをしていたのですが、絶対にAチームで試合に出られることはないと理解した上で懸命に走る2人を見て、不貞腐れていた自分が恥ずかしく感じました。翌日、このままなら交代メンバーに入れないと分かりながら、懸命に河川敷を走り終えると、1人が僕の所に寄ってきて、「ミナケンはまだ試合に出られる望みがあるから頑張ってよ」と声をかけてくれました。その時に試合に出られなくても頑張ろう、応援でも良いから必死にやるぞと初めて思えたのです。今でも、あの瞬間は忘れられません。

そして、9月の1週目に行われる選手権予選初戦の前日練習で、監督にスタメン起用を告げられました。6月から1試合も使われていなかったのに最後の最後で私が選ばれたのです。

後に大学生になった時、一時的に不貞腐れていた私を起用した当時の先生は間違っていると思っていました。でも、今なら3年生である私を起用した監督の考えが理解できます。厳しい予選を戦うのに必要なのは上手い、大きいといった能力を持った選手ではなく、「絶対にチームの勝利のために貢献するぞ」と全力を出せる選手です。3年生は最終学年を迎え、チームへの思いが強くなるため、どんなボールでも懸命に追いかけるから守備範囲が広く、危ない場面で足を一歩伸ばして失点を防げるのです。

こうした経験をしているから、湘南の選手には毎年「同じ実力なら下級生より3年生を使う」と説明しています。先発はともかく、リザーブには2年生を入れません。そのため3年生になってからAチームで出場機会を掴む選手が多いので、夏のインターハイが初めての全国大会という選手がほとんどです。

自分がレギュラーから外れる経験をしたから、私は試合に出られない選手の気持ちが分かります。練習から集中力がない選手はやる気がないからではありません。心に頑張れない何かしらの原因があるのです。試合に出られない、応援に回ると思いながらも練習を頑張るのはとても難しいのです。高校3年生の時に精神的に追い込まれていなかったら、おそらく気付けませんでした。

選手権のメンバー発表をした日は、外れた選手の辛さを考慮し、練習をせずすぐ寮へ帰るよう伝えています。ただ、毎年翌日に学校へ行くとメンバーから外れた選手も含め、3年生全員が並んで「最後まで練習をさせてください」と頭を下げてくれます。そうした3年生を見ると救われた気分になりますが、「チームを頼むぞ」と伝えた上で、何かでたまたま見かけて、覚えていた「自分が元気になりたければ、他の誰かを元気にすれば良い」という言葉をかけています。空元気でも良いから練習で一生懸命頑張る姿が誰かの元気になり、いずれ自分の元気として返ってくるのです。

高3は、変化するチャンス

「高校3年生になると選手は変わる」と口にする人が多くいますが、私は「3年生になると、急激に成長するから、変わったように感じる」と考えています。選手権での成長に関しては日本テレビの桝太一アナウンサーが学校まで取材をしに来てくれた際に、生徒の前で話してくれた言葉が印象に残っています。「選手権で選手が成長すると多くの人が言いますが、私は変わることがないと思っています。今までやってきたことが確信と自信に変わって、思い切りプレーしているだけなのです。だから、みんなは自分の力を信じて、１００％の力を出してください」と言ってくれました。

選手は１、２年生の頃から練習をサボらず一生懸命頑張っていますが、３年生になって振り返ると全員が自分の甘かったことに気付くのでしょう。１、２年生の頃がダメだったと気付けただけで、とてつもない成長なのです。在学中、２年生から試合に出ていたコーチの門岩敬太先生と山田賢汰先生ですら、「２年生の頃はただ目の前の練習や試合を一生懸命やっているだけで、３年生になるまで南先生の言っている意味が理解できなかった」と口にしています。どんな選手でも最後の選手権が近づく3年生の9、10月になるとそれまでの自分の甘さに気付き、爆発的に成長します。高校生が目標にするインターハイと選手権は恐ろしい程までに子どもを大人にする大会なのです。最近はサッカーの質やトーナメントの意義について議論されますが、15万人以上の子どもを大人にできる機会は他にないでしょう。

実際、２０１９年度の選手権でスタメン出場した菊仲永遠は、それまで一度もAチームで試合に出たことがない選手でした。大会直前でのパフォーマンスが良く、急きょ抜擢した選手だったため、試合を見ていたOBたちも、彼が試合に出たのを驚いたそうです。

卒部式のスピーチで菊仲は「自分は一度も遠征に行ったことがなく、Aチームのユニフォームも着たことがない選手でした。ただ一度だけAチームの公式戦に出たのが全国高校サッカー選手権大会1回戦、富山第一高校戦でした」と話していたのが印象的でした。最後にピッチに立っているのは、彼のように絶対に手を抜かなかった選手なのです。Aチームで練習できない、試合に出られないからといって最後まで腐ってはいけません。彼が示してくれた最後まで諦めない姿勢は、後輩たちの良い指針になるでしょう。

人間は追い詰められた環境にならないと頑張れない生き物でもあります。指導者が1言えば、10受け取って欲しいと考えていても、下級生のうちは1しか受け取れませんが、高校生活の終わりが見えてくるとアンテナの感度が上がり、10受け取れるようになるのです。2年生のうちに気付けている選手は、プロに行けます。一流のサッカー選手になるための準備期間が人よりも長いから、他よりも多くの物事を吸収しているのです。準備期間が長ければ、より大きな目標を目指せます。小学校の遠足で登る山は、当日に友だちを誘っても気楽に登れますが、エベレストに登頂しようと思うとルートの選定や道具選びも含め、膨大な準備期間が必要ですよね。選手権出場を目指すチームと選手権優勝を目指すチームの違いも同じでしょう。日本一という、より大きな目標を目指して、高校3年間懸命に準備しているから選手が育つのだと思います。結果的に日本一になれなかったとしても、準備期間に大きく育つのです。

試合に出るのが怖くなってこそ本物

調子が良い時は誰でも前向きな気持ちでいられますが、窮地に追い込まれた時は素の性格が出ます。選手は練習、練習試合、公式戦、トーナメント戦と段階を踏むごとに緊張が高まり、思い通りのプレーができなくなります。選手権予選の1回戦は大差になりがちだと分かっていても、選手の顔は真っ青になります。過去には1年生から試合に出ながらも、3年生になって試合に出たくなくなる選手もいました。試合に出られない選手の気持ちや、チームとしての戦う責任感を強く感じるようになり、恐怖が勝るのです。私はそうした気持ちが生まれる選手こそが本物だと思います。「試合に出たい。チャンスが欲しい」と口にしている時点は、まだ偽物なのです。

例えば、遊びのPKなら軽い気持ちで誰もがキッカーに名乗り出られるでしょう。でも、外して負ければ予選敗退が決まるシチュエーションでは、簡単に名乗り出るのは難しいと思います。PKが得意と話す選手、PKで外したことがないという選手には、「緊張感のある局面で蹴ったことがないからだ」と話します。

過去のマイナスはプラスに変えられる

初めて選手権でベスト4に行った2010年度の大会には、稲葉修土がいました。当時2年生だった彼は、準決勝の滝川第二戦でPK戦のキックを外しているのですが、後に「一生忘れないし、一生忘れてはいけない出来事があったから、プロになれました」と話していました。

彼は国立で外してから、試合中のPKは全てキッカーに名乗りを上げ、一度も外したことがありません。悔しさを乗り越えなければいけないと考え、大学1年生の時も「自分に蹴らしてください」とキッカーを志願していたと聞きます。国立のあの試合でPKを決めて優勝していても、「俺は選手権で優勝しているんだ」と調子に乗って道を踏み外すようなことになれば、どれだけ良い結果でも悪い過去になります。稲葉は悔しい経験をプラスに変える努力ができたから、プロになれたのです。未来を変えれば、過去のマイナスな出来事もプラスに変えられるのです。

大学経由でプロになった井上直輝と饗庭瑞生の2人も、高校時代は日本一になれるだけの

選手権準決勝でのPK失敗をバネに努力を重ね、大きく成長した稲葉修土

力がありながら選手権への連続出場を途絶えさせた世代です。ただ、彼らは大学サッカーを頑張れたから、「高校3年生での負けがあったから」とプラスの過去に変えられました。人生経験が浅い高校生には、こうした話をなるべくたくさんしてあげて、気付かせてあげなければいけません。チームが勝った際に言う「勝って兜の緒を締めよ」、「実るほど頭を垂れる稲穂かな」といった難しい言葉ではなく、具体例を挙げながら高校生でも理解できるよう噛み砕いて話すべきです。

〝持っている〟選手はいない

大舞台などでゴールを決めた選手に対して、言われる「あの選手は持っていますね」という表現は、好きではありません。そこに至るまでの努力を続けた選手に対して失礼だからです。「持ってきました」が正しい表現で、運だけで成功を収める人はいないです。女性タレントが良くいう「原宿を歩いていたら、スカウトされました」という話も似ているかもしれません。本当はスカウトされるために原宿へ行った人も多いでしょう。スカウトされるだけの可愛さという才能と、原宿へ行くという行動力があったからタレントになれたのであり、決して運ではありません。

途中出場した選手がゴールを決めた際に使われる「采配ズバリ」という表現も私は違和感を覚えます。ゴールを決められる選手をスタメンで使っていれば苦戦することなく勝てた試合だったかもしれないからです。「交代選手が当たりましたね」と言われると、彼を先発させなかった指導者が間違った判断をしたと考えてしまいます。確かに相手が疲れたタイミングで起用すれば、効果的だと考え、交代で出すケースもありますが、それは選手の特徴を知っていれば当然の起用法なのです。４００ｍを一人で走る選手と１００ｍを４人でリレーするチームとでは後者の方が早いのは分かり切っているのと同じで、采配が当たったとは言えません。

第4章

他と違うのはサッカーだけじゃない。
淞南流の学校生活

インタビューに答えられるのが、人間教育

他の高校では、日々の授業だけで精一杯の教職員が少なくないと耳にしますが、淞南の場合は全教職員が生徒のストロングポイントを伸ばすことに全精力を注いでいます。各教科の先生や担任だけでなく、進路指導や部活の顧問まで職員全員がそれぞれの専門知識を活かし、生徒の為になる言動を心掛けているのが学校の強みだと考えています。

授業内容も他とは少し違います。サッカーや野球などスポーツを頑張る生徒のためを考え、今年度以降はスポーツ界で活躍される方を講師に招くアスリートデザインの授業とトレーニング理論について学ぶ時間を今まで以上に増やします。本来ならば、体育大学で得られるようなより専門的な知識や考えを一足早く学び、卒業後に役立ててもらうのが狙いで、スポーツが強い学校ではなく、スポーツに強い学校を目指しています。

練習参加に来てくださる中学3年生の親御さんには、部活動を通じた人間教育について説明します。午前中は机に向かった勉強をして、昼から部活動に励む学校もありますが、淞南はそうした学校ではありません。授業で学んだことを表現する方法が部活だと考える学校です。普通の学校は入学後に校歌の練習をすると、「歌詞を覚えましょう」、「大きな声を出しましょう」と指導を受けると思います。淞南はそうした指導をしません。野球部やサッカー

部に対しては、「学校の外で歌えるように頑張りなさい」と伝えて、大会や試合で勝った時に校歌斉唱できるように背中を押すのです。覚えた歌詞を大きな声で歌えるようにするという教育的指導は同じで、生徒の表現方法が違うだけです。ちなみに、今では多くのチームが一生懸命歌うようになったため、ここ数年は法則が崩れましたが、選手権の決勝では選手、ベンチ、応援スタンドの全員が誇りを持って校歌を歌うチームの優勝が続いていました。

「自分の考えをきちんとした言葉で伝えられるようになろう」という指導も、部活動を通じて行っています。私はきちんと話せるかどうかがサッカー選手としてのレベルを表していると考えています。例えば、試合後の勝利インタビューでゴールについて聞かれると、一言目は「ありがとうございます」などと簡単に返す選手が多く見られます。しかし、日本代表に選ばれる選手なら「パスが良かったので、自分は決めるだけでしたが、チームを勢いづける先制点が奪えてよかった。これに満足することなく、チームに帰ってからも成長できるよう頑張ります。ありがとうございました」といった言葉を返すでしょう。

私が中学生の頃、ＰＬ学園高校の1年生だった桑田真澄選手と清原和博選手が活躍し、甲子園で優勝しました。二人が流暢にヒーローインタビューに答える様子が話題になり、新人類という言葉が流行しましたが、彼らはきちんとインタビューに答えられる人間性を持った選手だからこそ、甲子園優勝の立役者になったのです。反対に、所属するリーグのカテゴリーが下がると、満足に答えず、サポーターを盛り上げるだけの行動で終わる選手が増えます。話すレベルが上がれば、サッカー選手としてのレベルが上がるかもしれないと考えると、選手は日常生活から話す内容についての意識が変わります。

他の学校は、「ちゃんとした言葉遣いを学びましょう」、「自分の意見を言いましょう」と学校生活で指導するかもしれませんが、「きちんとインタビューに答えられるようになろう」と指導するのが淞南の指導法で、部活動を通じた人間教育だと考えています。サッカーが上手くなれば良いのではありません。サッカーを通じて、人間として成長して欲しいと考えています。

学校生活には学園ドラマが必要

私が赴任した当初から、生徒思いの先生と挨拶など礼儀作法がきちんとできる生徒が揃っていました。良い学校だと感じる一方で、学園ドラマのような熱い光景は少なく、物足りなさを感じていたのも事実でした。最近、読んだインタビューで自分の考えに近いと感じたのは、京都工学院高校ラグビーの大島淳監督が伏見工業高校時代の恩師である山口良治先生にかけられた「教育とは忘れられない思い出作りだ」との言葉でした。

生徒にたくさんの思い出を作ってあげたいと考えていた私は淞南に赴任した初年度から、全校生徒での卒業式の後に、強化1期生の前からいた3人のサッカー部員だけの卒部式を盛大に行いました。二つのイベントを終えた後に行う謝恩会を含めた流れは27年経った今でもシナリオが変わることなく続き、盛大に盛り上がります。

卒部式で選手にかける「4000校以上ある高校の中から、淞南に入学してくれてありがとう」との言葉も変わらず、ほとんどの選手が号泣し、その姿を見て私も目頭が熱くなります。毎年、「今日の卒業式を見て、どうでしたか？」と選手のお母さんに尋ねるのですが、「本人も淞南に行って良かったと口にしていますし、今日の卒業式を見て改めて確認できました。本当に素晴らしい学校にお世話になり、ありがとうございました」と言ってもらえます。そうして言ってもらえたのを喜びつつ、「卒業式も卒部式、謝恩会も僕が考えた企画です。高校生は大人が考えたお盆の上で一生懸命遊んでいるだけなのです。みんな次は考える方に回って欲しい。これが最後のお願いです」と選手に伝えます。梅木の代からは、卒部式を終えたタイミングで制服からスーツに着替えるようになりました。高校を出てから必要になるスーツを着た姿を親御さんや我々スタッフにお披露目する場にしたのです。元からあった企画にプラスアルファを加えた彼らに対しては、「そうした新しい物を加える発想が大事」と伝えました。

うちの催し物には、笑いが一切ないのも特徴と言えるでしょう。高校生の考える面白いは、世間一般の面白いではないからです。よくある「先生には色々迷惑をかけました」といった言葉に対しては、「何とも思っていないし、迷惑とも思っていない」と感じてしまいます。一生懸命、真剣に取り組む姿を見せるのが、最高の出し物だと考えているため、謝恩会では毎年、「3年間で一番嬉しかったこと」をテーマに話してもらっています。毎年、どの選手も胸に響く良い話をしてくれます。

2019年度の卒業式は新型コロナの影響で、式典の内容が大幅にカットされると、式の前日に知りました。晴れの式典が大幅に簡素化されるのを私が納得するはずがないと

謝恩会では生徒に「3年間で一番嬉しかったこと」をテーマに話をしてもらうのが決まり

知っているので、直前まで誰も教えてくれなかったのだと思います。私たちにとっては、数多くあるうちの一回にしか過ぎないかもしれませんが、子どもたちにとっては一生に一度の晴れ舞台です。だからこそ、今まで通り盛大にやってあげるべきですし、生徒が感動する要素を削いではいけません。「カットしたら感染しないのか！　これまで盛大な卒業式をやってきたのに、今年の子らだけカットするのはおかしい」と異議を唱え、例年通りの式典に戻しました。高校3年間をやり切った感と在校生の盛り上げが合わさり、とても感動的な式典になり、全員が泣きました。今どき、高校生全員が泣く卒業式はどこにもないと思います。

イベントは盛大に

他にも、部活動が大会で優勝した時は、盛大にお祝いをするようにもしました。以前から報告会を行っていましたが、もっと部員が喜ぶことをしてあげたいと考えていたら、マーチングバンド部が全国大会初出場を決めたので、サプライズイベントを企画しました。朝のホームルームが終わると、サッカー部の選手が校内放送で、「我が校のマーチングバンド部が昨日行われた大会で金賞を獲り、全国大会への出場を決めました。皆さん、指の骨が骨折するくらい大きな拍手と歓声をお願いします」と呼びかけたのです。同時にマーチングバンド部

全国大会に向けて出発する日は、生徒全員が盛大に選手たちを送り出してくれる

の生徒がいる教室に向かって、全生徒が祝福に駆け寄りました。簡単な企画でしたが、部員が号泣しているのを見て、やって良かったと思いました。

二回目は少し発展させた企画を考えました。マーチングバンド部の部員が朝、学校に行くと誰も学校にいないのです。部員が全員登校したのを確認すると、校内放送で「マーチングバンド部の生徒は体育館に集合してください」と呼びかけました。体育館のドアを開けると、サッカー部や野球部の選手がそれぞれの応援方法で、マーチングバンド部を激励したのです。最後に円陣を組んで、サッカー部が勝利した際に行う勝ちロコをして終わるだけの企画なのですが、一通り終えると、全員が涙を流していました。

こうしたイベントをサッカー部主体で始めたおかげで、選手権予選の初戦の日や全国大会に向けて出発する際は、生徒全員が出陣式として盛大に選手を送り出してくれています。サッカー部も練習するよりもクラスメイトが人生をかけて戦っている姿を見る方が思い出にもなり、勉強にもなるから見届けさせたいと考え、インターハイが始まる直前でも、甲子園を目指す野球部の応援に行かせます。

イベントは学校生活だけでありません。生徒それぞれに人生で一度しか訪れないイベントがあります。2019年度に正GKだった豊田純平の父は、東山高校（京都）の男子バレーの豊田充浩監督です。彼が3年生の時のインターハイは、種目ごとに南九州の各地に分かれて大会が行われました。サッカーは一足早く沖縄での大会を終え、学校で練習していたのですが、東山高が出場するバレーの大会は宮崎県で開催中だということに気付いたのです。ちょうど東山が準々決勝で勝ったばかりだったので、松江を夕方の6時に出る高速バスに乗れば、翌朝には会場までたどり着けます。「お父さんの優勝する姿、胴上げされる姿を見て欲しい」と考えた私は、往復の交通費を渡して、バスに乗せました。そのインターハイは惜しくも準決勝で負けてしまいましたが、翌年1月に開催された春高バレーで東山高は見事日本一に輝きました。今度こそ、お父さんの晴れ姿を見て欲しいと考えた私は、淞南が選手権で負けた後も豊田だけ東京に残るよう伝えました。優勝する瞬間を見届けた豊田が「父が最高の漢になる瞬間に立ち会えたことは、一生の財産です」と喜んでくれて、私まで嬉しくなりました。

成功した企画だけでなく、失敗した企画もありますが、学校自体が「成功する方が少なく、失敗して当たり前。上手く行かなければまた別の企画を考えれば良い」と考えてくれているのは有難いです。修学旅行も「不況と言われているんだから、お金をかけてわざわざ遠くに行く必要はない」と隣の鳥取県にある大山でのスノボに変わりました。年配の先生からは「修学旅行は遊びだ。歴史的な勉強は大人になってからでいい」と後押しもして貰えました。2泊3日のスノボ旅行では怪我に注意しながら、「修学旅行ならではの生活を送りなさい」と伝えています。いつもとは違って何時に寝てもOK、朝練のために朝早く起きなければならないので、普段だったらできない夜更かしを思いのまま楽しんでもらっています。うちの生徒は悪いことをしないという信頼と凍死覚悟で冬の大山を抜け出すようなことはしないだろうとの考えで夜の見回りすらもしません。そうした雰囲気なので、毎年生徒全員が修学旅行を楽しんでくれています。

マイナースポーツはない

激励するイベントはどの部活も同様に行うのが淞南の考え方です。学生時代、なぎなたに励んでいた知り合いが、「なぎなたはマイナースポーツ」と称した際には、「スポーツにメジャーやマイナーといった区分はない。日本一は日本一、世界一は世界一」だと私の考えを伝えました。二つの学校で、弓道部を日本一に導いた先生に「凄いですね」と伝えると、「いやいや、マイナースポーツだから大したことない」と謙遜されるので、「そんなことはないと思います。全ての競技で、日本一の価値は変わりません」と伝えたこともあります。すると、その先生は「人を試す意味で弓道はマイナースポーツだから」と口にしていると明かしてくれました。本心では日本一の価値はどの種目でも変わらないとずっと悔しい思いをされていたのです。他競技をマイナースポーツと見下す人に対しては、「なぎなたや弓道をやっていれば日本一になれたのか？」と問いたくなります。

似た考えで、スポーツができる生徒も、勉強ができる生徒も分け隔てなく扱うのが淞南ならではです。日本の場合、勉強はできてもスポーツはできない生徒がいても何も言われませんが、スポーツはできても勉強はできない生徒に対しては、「アイツは勉強ができないからダメだ」と言われがちです。私が学生時代、勉強もしっかり頑張ったのは、中学時代の先生に、「勉強ができない生徒はいくらスポーツを頑張っていても偏見の目で見られる」と教わったからです。勉強もスポーツも頑張る生徒を文武両道と評しますが、淞南では文武平等の精神で分け隔てなく、職員全員が生徒の長所を大事にしています。

「FC　tentar」

以前から淞南のグラウンドを利用し、小学生を対象としたサッカースクールを行っていましたが、2020年度からは中学年代を対象としたクラブチームを立ち上げました。ポルトガル語で〝挑戦〟を意味する「FC　tentar（テンタ一）」と名付けました。前から下部組織を作りたいという構想はあったのですが、信頼できる先生に指導をお願いしたいと考えており、地元の公立中学校で長年指導されてきた広田量久先生が定年退職されたタイミングでチームを立ち上げたのです。

技術やスピードを高めるための11種類のドリブルやシュート練習がメニューの基本で、練習には淞南の3年生がお手本として必ず参加するのが特徴です。指導者が練習メニューを口にしても意図が伝わるまで時間がかかりますが、選手がデモンストレーションとして実際にプレーをすれば瞬時に伝わるため、中学生の呑み込みが早いのです。中学生1人につき、高校生1人がついているので、ミスした時の指摘もしやすい利点があります。中学生1人につき、2人の高校生がつくGKの成長は特に顕著で、目覚ましい成長を遂げています。教える高校生も、「シュートは身体の正面で受け止めよう」と見本を見せているうちに基本技術を思い出し、更なる成長もしています。

昨年立ち上げた中学年代のクラブチーム。
練習には高3の選手がお手本として参加している

高校年代以降でも活躍できるプレーの基礎を伸ばすと共にサッカーと真摯に向き合う姿勢を身につけて欲しいと考えています。同時に勝負へのこだわりがなければ、テクニックが身に付きません。小中学生だからといって、技術を重視して教えようとするから技術が身に付かないのであり、勝利へのこだわりを身につければ自然と技術が身に付くと考えています。

国見高校のＯＢにテクニシャンが多いのも、勝利を貪欲に追及するからテクニックが身に付いたのではないでしょうか。米子北高校の中村真吾監督の言葉を借りるなら、目先の勝利にこだわるのが育成の原点なのです。週末の試合で勝ちたいから、選手は平日の練習で上手くなろうと努力する。指導者も試合で勝ちたいから、より選手を上手くするための指導法について考えるのです。

勝利無くして進化はないとの考えは高校生でも中学生でも変わりません。これからも私は、チームとして指導者として勝利を追求し、進化を続けていきます。

第5章

新型コロナを乗り越えて

多くの人の支えがあったから、前を向けた

2020年の8月に、立正大淞南のサッカー部の寮で新型コロナウイルスのクラスター（集団感染）が発生しました。PCR検査で陽性反応が出た無症状の部員は、臨時療養施設となった寮で、陰性だった残りの全校生徒と職員も学校内での隔離となり、経過観察となりました。当初、いつまで隔離しなければいけないか伝えられていなかったので、生徒はとても辛い経験をしたと思います。SNSやネットの掲示板には誹謗中傷の書き込みが多くみられ、学校へのお叱りの電話も朝から晩まで鳴り続けました。

発生した直後は、「学校もサッカー部も終わった」と思いました。指導者としても、もうサッカー界で生きていけないと思いました。淞南が原因で選手権が中止になるのではと落ち込んでいたら、日本サッカー協会の田嶋幸三会長から、「選手権は絶対にやる。4000校以上あるチームの1校が集団感染しただけで、選手権はなくならない。特に今年は絶対にやる。やらないと、淞南のせいになってしまうから」と電話を頂きました。副会長の林義規先生（暁星高校監督）からも、励ましの言葉を貰い、私も選手も前を向くことができました。クラスターが起きてしまったからには、私自身が貴重な経験としてプラスに変えるしかないと考えを改めたのは、その頃からです。

全国の多くの人の支えによって湘南サッカー部は新型コロナを乗り越えられた

いち早く、元日本代表の本田圭佑選手（ポルトガル・ポルティモネンセ）が、自身のツイッターで「立正大淞南高校、及びサッカー部の皆さん、コロナ感染に関して謝罪する必要なんてないよ。それより熱とか体は大丈夫？　今はしっかり食べて休んでな。また治ったら夢に向かって頑張れ。非難してる人だけでなく、心配してる人も沢山いることを忘れんといて」と投稿してくれたのも、大きかったです。本田選手の投稿をきっかけに、学校への苦情の電話がピタリと止まりました。

専属トレーナーを務める鬼木祐輔さんを通じて、激励の動画を送ってくれた日本代表・長友佑都選手（フランス・マルセイユ）、関係者を通じて激励メッセージを届けてくれた三浦知良選手（横浜ＦＣ）の存在も、生徒の勇気になりました。

また激励の動画を作ってくれた青森山田高校を始めとした様々なチームのエールにも、感謝の気持ちでいっぱいです。また、選手権予選前には福岡大学の井上健太と梅木翼、予選後には大阪体育大学の林尚輝と、Ｊリーガーになる０Ｂが教育実習で淞南に来てくれたのも、選手の励みになりました。

保護者の存在も大きかったです。連絡をしていた厚生労働省の方も驚かれていたのですが、誰一人文句を言うことなく、「ご迷惑をおかけしますが、よろしくお願いします」と口にされたと聞きました。学校から連絡した際も同じで、「先生は大丈夫ですか？」と心配までしていただきました。こうした問題が起きると、「寮の予防対策はどうなっているんですか」と非難する保護者がいるそうですが、淞南は違いました。そうした親御さんばかりの高校で教えられる我々は本当に幸せです。複数の人から、「周りに淞南を非難している人はいない。だから、実際に非難している人は少ないと思う」と声をかけてもらえたのも、有難かったです。

医療面以外のことも含めて、救ってくださった保健所と厚生労働省の人にも、感謝の言葉しかありません。彼らは我々にとってのスーパースターです。学校で対処することができなかった生徒を受け入れてくださった地元の病院にも頭が上がりません。面倒を見て貰っただけでなく、最後に「生徒がベッドを奇麗にして、置手紙を残したことに感動した」と手紙まで頂きました。本当に、多くの人の激励と支援があったからこそ、学校もサッカー部の活動も再開することができました。

良いことも悪いことも全て自分に降りかかってくる

クラスターが発生してから、数多くの人が手を差し伸べてくれました。改めて感じたのは、良いことも悪いことも全て自分に降りかかってくるということです。生徒には、島根県内で一人目の感染者になった高校の生徒を見かけたら、必ず「頑張れよ」と声をかけるように伝えていました。うちの生徒が問題を起こしたら、「立正大淞南は問題のある学校だ」と一まとめにされるのと同じで、その高校の生徒であるだけで、誹謗中傷を受けると思ったからです。よく行くコンビニには、「もし、コロナに感染し、店を閉める時はいち早く連絡ください」と伝えていました。ラーメン屋など飲食店にも「腐る物は、うちで全部買い占めます」、「部員全員で食べに行きます」と言っていました。実際、コロナ明けでお客さんが来なくなった飲食店に、部員全員を連れて食べに行きました。その後、そのお店を運営する会社の社長が、「苦しんだ気持ちを一瞬でも忘れて欲しい」と全校生徒を無料で招待してくださいました。でも、社長はうちの部員が全員で食べに行ったのは知らなかったんです。見返りを求めて食べに行ったわけではありませんし、お店もお返しの意味で招待してくれたわけでもなく、本当に偶然でした。

また、淞南では小学生にサッカーを楽しんで欲しいと週に1度、学校で無料のサッカースクールを開催してきました。そこに子どもやお孫さんが通っていた人たちからの支援も多かったです。これまで一生懸命サッカーを頑張る先輩たちの姿を見て、支援してくださった方もたくさんいます。選手には、「君たちを支援したいという気持ちはもちろんだけど、これまでの先輩たちの行いによって支援してもらっているのは忘れてはいけない」と伝えました。自分自身、良いことも悪いことも全て自分に降りかかってくると改めて感じました。選手も今回の貴重な経験によって、周りの人たち全てに優しくなれるでしょう。将来、また違う新型ウイルスが流行った際や病気になった人たちを偏見の目で見ることもないと思います。

成功者はひと工夫できる

支援して頂いた方からは、様々な思いやりや配慮を感じました。サッカースクールに子どもが通ってくださっているお父さんからは、大量のカップラーメンと共に学校では多くのお湯が沸かせないはずだと思い、何台もの湯沸かし器を持ってきてくださいました。なぜ、そこまで気遣いができるのか考えた際に、その方が大学サッカーの名門校出身であることに気付き、ふと国見高校の話を思い出しました。国見のあるOBの方が、夏の朝8時から4試合もこなす大変さを回避するために、ポジショニングを覚えたとおっしゃっていたのです。暑い中で前線からの守備を続けるのは難しいから、良いポジションをとって、守備をしようと考えたのだそうです。自分が楽をしながらも、ボールを奪えれば、チームメイトも無駄に走らず楽ができます。今の世の中、楽をすると言うと良い意味で受け取られませんが、自分の楽は、人のための楽でもあるのです。もし、お父さんがカップラーメンだけを差し入れしてくださっていれば、私たちは「お湯をどうすれば良い」と右往左往していたかもしれません。高校時代の苦しい中でも、上手く楽をしようとした工夫が、社会に出てから活きるのだと気付きました。

業者が校内に立ち入れなくなったため、自動販売機が停止し、飲み物がなくなりました。寮で療養していた部員と学校で隔離生活を余儀なくされた生徒と職員含め３００人が、５００㎖のペットボトルを1日に約3本飲むため、９００本が1日で必要になります。それが、一か月間も途切れなかったのは、皆さんの支援のおかげです。本当に感謝しています。生徒にも支援の有難さを感じて欲しいので、飲み切れなかった飲料はあえていまだに目立つ場所に置いています。届いた手紙も、ほぼ全て校内に張り出しています。記憶は風化する物ですが、感謝の気持ちを忘れてはいけません。

また、「飲み物は多くの人から届くはずだから、次は食べ物に困る」と考えてくださる人も、たくさんいました。暖かい食べ物が食べたくなるだろうと考え、寮で療養する生徒に温かいコロッケを小分けで届けてくださる方がいました。手軽に食べやすい魚肉ソーセージを大量に届けてくれた方もいました。その方は一緒に、私がよく飲むブラックコーヒーを差し入れしてくださったのも印象的でした。飲んでいる姿を、どこかで見られていたのだと思います。そうした方は、スポーツの全国大会で活躍されたり、ビジネスで成功された方が多かったです。一工夫できるから、様々なステージで活躍できたのだと思います。生徒には、そうした工夫や気遣いができる大人になって欲しいとは思いますが、我々の支えとなった飲み物を送ってくださった方々への感謝も忘れてはいけません。「淞南の生徒が困っているから」と、すぐに行動に移してくださった気遣いの気持ちを、生徒には持って欲しいです。

辛さはいつかプラスに変えなければいけない

支援してくれた人たちに恩返しするためにも、必ず全国大会に行かなければいけなかったので、予選の決勝で負けた悔しさはあります。ただ、決勝の試合内容が悪かっただけで、活動再開してからの選手はよく頑張ってくれました。サッカーができない時期がありましたが、これまで積み上げてきた努力は簡単にはなくなりません。なので、問題ないと思っていました。ただ、今回は単なるオフとは事情が違いました。以前、精神科の医師が書かれた本を読んで休養について学びました。身体を休めるだけが、休養ではありません。自分が好きなことだけをして身体をリフレッシュさせるのが、休養期間だというのです。旅行に行きたい人は、旅行に行けば良い。旅行先では、2週間何もしなくても良いし、毎朝2時間トレーニングしたい人はすれば良いのです。

ただ、うちの選手は強制的に、大好きなサッカーができなくなりました。辛い期間を強引にでも休養に変えるため、「これはリフレッシュする期間なんだ」と選手に言い聞かせました。休養の効果はあり、怪我で選手権に間に合わないはずだったセンターバックの2人が、コロナで活動できない1か月の間で完治しました。怪我をしたら動かず、ご飯を食べて寝るだけの生活が、一番効果があると学びました。

コロナによる一か月の活動休止期間と本格的に身体が動けるようになるまでの二週間を含めた1か月半のブランクは予選の結果に影響しなかったと考えています。県外での活動を自粛したため、プリンスリーグ中国の参加を辞退するなど実戦経験が少なかったのも敗退とは無関係です。実戦経験を積めば強くなるわけではありませんし、県リーグのチームもたくさん全国大会に出ているからです。

気持ちが落ち着いてからは、日体大時代に高校サッカーのベテラン監督が練習を見に来てくださったことを思い出しました。一切、上下関係がない私たちの姿を見て、「可哀そう」と言われたんです。普通なら、「良い雰囲気で練習しているね」と口にする人が、ほとんどでしょう。でも、その方はしんどい経験こそが、大人になった時の良い思い出になるとおっしゃるのです。「お酒の席で、『あの練習はありえないきつさだった』とか、『先輩！ あの時にぶん殴られた意味が分からないので、お尻を叩かせてください！』と笑い合えるのに、しんどい経験を自分たちで削るのはもったいない」と言われたのです。

今回、選手が苦しい想いをしたのも事実です。でも、いつか「あの時は大変だったね」と笑い話にできる日は必ずやってくると信じています。今回の一件は、必ず選手がプラスに変えなければいけません。ただ新型コロナに感染しただけで終わって欲しくないです。苦しい人がいれば、進んで手を差し伸べることのできる大人になって欲しいです。

選手権の結果は残念でしたが、負けてから選手が見せた姿勢には、褒めてあげたいです。決勝で負けた翌日から、怪我人を含め全員が欠かさず練習に顔を出しています。3年生には大学で活躍して欲しいので、甘いプレーは許しません。これまで同様に攻守の切り替えや球際の激しさを求めているのですが、新チームと3年生の紅白戦を見ていると、3年生たちは本当に強い。プレッシャーがないと、これだけできるかと思いました。

負けても3年生が懸命に練習するのは毎年のことであり、淞南の伝統なのかもしれません。負けても、チームから離脱する選手がいないのは全国大会への出場など勝ち負けだけで、淞南を選んでくれたからではないのだと思い、嬉しくなりました。他の部活動も同じです。引退後に学校生活が荒れるチームが珍しくありませんが、うちの野球部は夏の大会が終わってからも、ちゃんと練習に打ち込んでいます。そうした学校の教員でいれる私は、本当に幸せです。

第6章

関係者が語る「立正大淞南」のサッカーとは？

湘南で過ごした3年間ではサッカー以上に、人としてどうあるべきかを学べたと思います

井上直輝
（ブラウブリッツ秋田）

Profile

Naoki Inoue

●1997年大阪府生まれ。2013年立正大淞南高校入学。びわこ成蹊スポーツ大学から2020年にJ3ブラウブリッツ秋田に加入。同年6月27日のいわてグルージャ盛岡との開幕戦に後半途中から出場、Jリーグ初ゴールを決めた。

立正大学淞南高校を初めて意識したのは、中学2年生の頃です。先輩のことを見に来ていた南先生が僕のプレーを見て「ボールにもっと関わった方が良いと言ってたぞ」とコーチに教えてもらったのが、きっかけでした。中学3年生になってからは大阪の高校やJリーグのアカデミーの練習にも参加しましたが、苦手だったポゼッションの練習が多く、自分の力を出せないまま終わってしまい、そうした中で、淞南の練習に参加したら、シュート練習が多く、直感的に「ここしかない」と入学を決めました。

入学してから3か月くらいは周りのスピードについていけず、高校でやっていける自信がなくなりました。小さい怪我も多く、復帰しても調子が上がらず、Bチームでのプレーが続いたため、落ち込んだ時期もありました。ただ、淞南のスタッフはどんな時も僕のことを見てくれていました。南先生に強く指摘されたら、野尻先生が色々と話を聞いてくれ、試合で

のミスが多く野尻先生に厳しい指摘をされたら、今度は南先生が優しくアドバイスをくれました。悔しい気持ちもありましたが、そうして手を差し伸べてくれるスタッフがいたから、頑張ろうと思えました。

高校でFWにコンバートされたのも、僕にとっての転機でした。ボランチだった中学時代はスルーパスを出しても通らないことが多く、自分自身で特徴がない選手だと思っていました。高校に入った当初もボランチや最終ラインでプレーしていたのですが、夏くらいに3人組のシュート練習で点を決められるようになり、南先生に「シュートが上手いから、FWをやってみるか」と言って貰えました。これまでも周りを使う中盤よりも、周りに使われるポジションに向いていると感じていたので、FWは自分にとっての天職だったのかもしれません。南先生は僕の性格も踏まえて、適性を見抜いていたような気がします。

2年生になるとAチームでの出場機会が増え、インターハイ予選では大会前に南先生から「決勝で起用する」と言われました。プレッシャーもありましたが、「大事な試合で使って貰えるのは期待されているんだ」と嬉しくなりました。決勝に向けて一生懸命トレーニングしたおかげで、その試合で2点獲れたのは今でも鮮明に覚えています。そこから、スタメンとなり、全国大会のメンバーに入れたのですが、大会直前に酷い捻挫をしてしまいました。南先生がすぐ動いてくださり、皆が練習する中で、僕一人だけがトレーナーさんに一日中治療してもらいました。その時は南先生に何か声をかけて貰ったわけではないのですが、僕の為に動いてくれた先生のためにも、結果で恩返ししなければいけないと強く思いました。治療のおかげで何とか走れるようになり、海星高校（三重）との1回戦では、1ゴール1アシストを記録できました。

選手権予選では、今でも忘れられない出来事がありました。副キャプテンだった竹中颯生クンに呼ばれて、「チームを背負う部分は3年生がやるから、お前たち下級生は自分が活躍することだけを考えてプレーすれば良い」と言われました。その時は、「俺らもチームを背負い、3年生の思いを背負ってプレーしているのに、なぜそんなことを言うんだろう」と思っていましたが、実際3年生になると気持ちの入り具合がまったく違うことを痛感しました。緊張なのかプレッシャーなのか分かりませんが、試合前に一睡もできなくなったのです。寝不足のせいで、活躍できない試合が多かったので、ぐっすり寝られるよう二日前に夜更かしをしたりもしました。

そうした時期も温かく見守ってくださったのは南先生です。プリンスリーグの試合でシュートが一本も打てず落ち込んでいた時に「次は頼むぞ」と声をかけてもらい、「期待されているんだ」と良い緊張感が生まれました。インターハイでは、「自分が点を獲れば勝てる」と自信を持って大会に挑めました。実際、初戦から調子が良く、準々決勝の米子北高校戦は調子が悪くても勝てたので、このまま日本一まで行けると思いましたが、東福岡高校戦との準決勝は逆転負けで終わってしまいました。勝ち進んだ喜びよりも悔しさの方が強く、3位の表彰式後に撮った写真は全員が険しい表情をしていました。

気持ちを切り替えて選手権に向けて頑張っていましたが、予選直前に怪我をしてしまいました。試合に出られない悔しさはありましたが、「全国に行ければ出場できる」と自分に言い聞かせて、上半身の筋トレなどできる限りのトレーニングをしました。予選の決勝では延長戦で大社高校に負けてしまい、試合後、泣きながらみんなが「全国に連れていけなくて、ごめん」と謝ってくれました。「俺が謝らなければいけない」という気持ちと共に、自分のために戦ってくれた仲間に恩返しするには大学で活躍する姿を見せるしかないと思い、そこからは今まで以上に練習を頑張りました。南先生を筆頭にスタッフ全員が、「次のステージでも期待している」と声をかけてくれたのも励みになりました。

淞南で過ごした3年間ではサッカー以上に、人としてどうあるべきかを学べました。サッカーと私生活は繋がっていると学べたのは大きかったです。特に印象に残っているのは、1年生の時の出来事です。練習後に、南先生が全員を集め、「勉強ができない選手は体力がない」という話をされました。「直輝は典型的で、勉強に必要な集中力がすぐ切れるから走るのを諦めてしまう」と、当時はまったく走れず、勉強が苦手だった僕の名前が挙がったのです。

悔しくて直後のテスト勉強を頑張ったら、クラスで5位になりました。やれば出来ると自信を得てからは、勉強もするようになりました。ただ、「勉強をしなさい」と言われただけだと、変われていなかったと思います。勉強を頑張れば、選手としても成長できると教えて貰えたから、今の自分があると思っています。

全員が日本一という同じ目標に向かって一生懸命頑張れるのも、淞南の良さです。最終学年で予選や全国のメンバーに入れるかどうかで人生が大きく変わります。他のチームなら、メンバーから外れたら引退する選手もいるかと思いますが、淞南はメンバーから外れた選手も次の日の朝練から来ています。下級生の時に見た3年生は、誰一人手を抜かずに全力で戦っていました。最後まで一緒に戦うとは、こういうことなのかと学べましたし、悔しい顔を一つも出さずに頑張り続ける先輩たちは本当にかっこよかったです。

3年生の時に淞南のエースナンバーである17番を貰えたのも、僕にとって大きかったです。高まる気持ちが強く、1歳先輩の中島隆司クンのようにたくさん点を獲って、チームを勝たせたいと思っていました。でも、最初はまったく点が獲れず落ち込んでいたのですが、途中から17番が前からプレスをかけたり、誰よりもボールを追い掛ける姿を見せるのも、チームの勝利に繋がるプレーだと考えるようになりました。あの経験があったから、プロまで行けたと思います。ブラウブリッツ秋田の吉田謙監督に、ひたむきなプレーを評価してもらえるのは、「このスタイルで勝負しよう」と思えた高校時代があったからです。

南先生にずっと言われてきた「調子が良い時は誰でも上手くいく。アカン時に何ができるかの方が大事や」との言葉もずっと心に残っています。大学以降も、いくら点が獲れていても天狗にならないよう心掛け、上手くいかない時にちゃんと原因を考えるようにしています。また、プロになってからも思い出した言葉もあります。調子が良くない時に、南先生がよく言われていた「プロフェッショナルであるほど、細かい所までこだわる」という言葉をふと思い出したのです。高校時代に僕らが勝つためにするのは、練習を100%の力でやり切ることだけでしたが、プロの世界ではそれは当たり前のこと。周りの選手を引き離し、試合で結果を残すためには、プラスアルファとして細かい所までこだわらなければいけないと思い、そこからは試合前に掃除をしたり、毎日ベッドメイクをきちんとするようになりました。

今まで出会ってきた指導者はいずれも凄い方ばかりでしたが、南先生の存在が一番心強かったです。南先生がいれば、11対11ではなく、12対11で戦っているような気持ちになれました。17番を背負う選手は南先生から、「お前がチームを勝たせるんだ」と言われますが、一番のエースは南先生じゃないかって思うんです。それくらいチームが勝つために様々なことを全力で取り組んでくれるので、本当に心強い存在でした。誰よりも、淞南の17番が似合う人です。

南君はサッカーとはこういうものだというフィロソフィーがあるから選手が育ち、コンスタントに成績が残せる

野村雅之

（岡山・作陽高校サッカー部総監督）

Profile

Masayuki Nomura

●1966年東京都生まれ。広島国泰寺高校－筑波大学。90年に作陽高校に保健体育教諭として赴任し、サッカー部コーチに。99年監督に就任し、2007年、高校選手権で同校を岡山県勢初の決勝進出に導いた。2017年より総監督に就任。

立正大学淞南高校とプリンスリーグ中国で対戦するときには、もちろん勝ち負けにこだわりますが、単なる敵という感覚ではありません。試合を終えた後に南君とは「あの場面はこうだったね」と話すことができる、互いに刺激し、学び合える良いライバル関係だと思っています。２０１２年には日本高校選抜チームを僕が監督、南君がコーチとして指導にあたりました。ドイツで行われたデュッセルドルフ国際ユースサッカー大会で日本のチームとして初めて優勝できたのも南君の違う角度から見た分析があったからだと思います。立正大学淞南高校の南君については長い付き合いでいくらでも話すことはできますが、端的に言えばとにかくたくましいに尽きると思います。彼が監督になってすぐの頃です。平日によく練習試合をしていました。授業が終わると2時間ほどかけて作陽高校まで来て、40分ゲームを2、3本して帰っていくこともよくありました。特に大会前は毎週のように来ていました。

作陽高校に来始めた最初の頃は、僕の前任監督である木村清先生から「なんでお前みたいなんが、うちに来るんや」と言われていました。しかし、折れずに「またよろしくお願いします」と返しつつ、何度も来るうちに木村先生の様子も変わっていきました。木村先生は何を言われても何度も来る、南君の一生懸命な姿勢を認めたんだと思います。僕自身も初対面の頃からたくましさを感じていました。何でも吸収してやろうという貪欲さが彼にはあります。公式戦の前でもいろいろ話を聞きに来ていましたし、今でも学び続けようとする彼の姿勢は変わりません。そうしたたくましさ、ある意味図々しさは、指導者が成長するための大事な要素です。僕は包み隠さず話すタイプだから「いいよいいよ」と彼といろんな話をしました。

そうした最初の頃は指導者のイロハを吸収しようという感じでしたが、徐々にいろんなチームを見てマニアックに吸収しようという方向に変わっていったように思います。いろいろな指導者から盗み取り自分の色を明確にしていき、同時に対戦相手のサッカーからエッセンスを学び取りサッカースタイルを作っていたように思います。その後、立正大学淞南高校の全国での立ち位置がはっきりしてくると相手の裏をかくようなチーム作りをしてきたのではないでしょうか。思いもよらないセットプレーを作り出すのは、まさに彼の特徴が出ている部分だと思います。

動作形態を含め目の付け所が他の人とは違うのも、南君の特徴です。鋭い観察力を持つ指導者は、観察の仕方を子どもたちに教えることができます。観察した結果を「こうしなさい」と伝えるのではなく、「こうした見方をすれば、こうなるよ」といった観察の観点まで伝えることができるから、選手が勝手に伸びていく。「なぜ、そうなるのか」という考える習慣まで身に付いているから、淞南の選手は大学に行ってからも伸びているのかもしれません。そうした感覚を全ての指導者が持っているわけではありません。南君のように指導者として独特な感覚を持ってチームを率いる立場にいる人物はなかなかいないかもしれません。

縦に速い淞南とパスをつないで組み立てる作陽ではチームカラーが違うように思われるかもしれませんが、ゴール前に入った時の発想は大きく変わらないと思います。ともにミニゲーム的な感覚があり、狭い局面をテンポよくつないでシュートまでもっていくのが特徴です。うちが理詰めで3人目の動きから崩すのに対し、淞南はドリブルとショートワンツーを織り交ぜながら速いテンポで即興性が高い崩しが特徴です。作陽と淞南はそれぞれの特徴といいますか、サッカーとはこういうものだというフィロソフィーがあります。それが明確にわかるから面白いのだと思います。それぞれの確固たるフィロソフィーがあるから、選手が育ち、コンスタントに成績が残せるんだと思います。

そうしたフィロソフィーを持っているチームは、必ずオリジナルの練習方法を持っています。指導者はサッカー協会の指導法を学んでいけば一般的な指導は出来ますが、全てが同じようなチームになりかねません。料理で例えるとレシピはほぼ同じでも、調味料のさじ加減やこだわりによって味が変わります。トレーニング内容を考える時に、ピッチ上の同じ場面を切り取ることができても考え方までは切り取って指導することは難しいと思います。模倣は模倣でしかなく本家は超えられません。オリジナルの練習方法は、それぞれの指導者の様々な考えがもとになって生まれる物だからまさに指導者そのものです。他の人が簡単には真似できません。南君は自虐的に、「いつも同じ練習をしている」と笑いますが、それが淞南らしさを作っているのです。うちと同じで地方都市にある学校だったのも、淞南らしさを培う上で良かったのかもしれません。地方でじっくりと指導方法を熟成することができて、フィロソフィーが作られてきたんだと思います。選手の獲得などの苦労はあると思いますが、島根県松江市という土地を選んだのが良かったのではないでしょうか。

学校生活の雰囲気は部活にも当然出ます。立正大学淞南高校のサッカー部も含め、寮生活を送っているようなチームを見ていると学校生活も練習の一部と考えているはずです。目の前の結果にこだわりながらも、今がだめでもいつか結果を出してやるという雰囲気が淞南には感じられます。大学に進んでサッカーを続け、さらに伸びる選手を輩出する、そうしたイメージがあります。それは高校サッカーを引退してからも、手を抜かないからだと思います。

小中学生で大事に育てられた選手を預かる僕たちの立場からすれば、次のステージでもサッカーを頑張れる選手、サッカーそのものを好きであり続ける選手を育てることが高校サッカーに携わる指導者の役目であり、良いチームかどうかの指針だと思います。プロになれなくても、進んだチームや組織で責任感を持って頑張れる人物が大事だと思っています。淞南の選手はたくましいから、進んだ大学で活躍する選手が多い印象があります。それは高校時代に大事な物が何なのかをちゃんと刷り込まれているかであり、やり続けることの重要性を認識させているからではないでしょうか。

OBが4種、3種年代の指導者などで卒業後もサッカーに携わっているかどうかもひとつの目安だと思います。本当にサッカーが好きでなければ、プロの世界のような華やかな場所にいるうちは頑張れても、地道な苦労の多い育成年代の指導はなかなか続けられません。教え子が育成の部分で頑張って選手を育て、その選手を自分のチームに送ってくれる時は本当に嬉しいものです。「サッカー好きを育てる」があってこそのサイクルだと思います。淞南に毎年のように関西から選手を送ってくれるチームがいるのは、彼がちゃんと預かった選手たちを「サッカーを好き」にしているからではないでしょうか。プロに行く選手、試合に出ている選手以外にもちゃんと目を配り、接することができていないと、そうはならないと思います。

南君は勝ちへのこだわりが凄いけど、演じている部分もあると思っています。指導者には選手へのアプローチの種類が色々あり、僕は過程が大事と強調し、その上で勝利を追い求めるタイプです。逆に南君は勝つのが大事と言って、それからそこに至るまでの過程を大事にするタイプなのではないでしょうか。勝利という実質的な成果を追い求めながら、本質的な見えない部分まで指導できているから、淞南はコンスタントに結果が残せているのだと思います。

私が作陽に来た30年ほど前の中国地方は広島県が一強時代でした。その頃の島根県もなかなか全国大会では勝てない時代でした。それからサッカーのすそ野が広がり、勢力図が変わってきています。２０１０年前頃から中国地方の高校が全国大会で上位の成績を残すようになりました。それは指導者同士のいい関係があったからだと思います。フィロソフィーを持ったチームは必ず強くなります。これからも指導者同士で刺激を与え合い、歴史を積み重ねていきたいと思います。

南先生は選手を変えるのではなく良さを最大限伸ばして次のステージに送り込んでいる

野尻豪
（立正大淞南高校サッカー部コーチ）

Profile

Takeshi Nojiri

●1977年大分県生まれ。大分豊府高校―京都教育大学。高校時代はFWとして活躍し、選手権と国体に出場。2000年から立正大淞南高校に赴任し、コーチに。南健司監督の右腕としてチームを支えながら、社会人でもプレーした。

大学卒業後に立正大学淞南高校に来て、21年が経ちましたが、僕が来た時から何も変わらないのが、チームのらしさと言えるかもしれません。練習メニューもそうですし、南先生が言われていることもそう。求められる基準は年々高まっていますが、サッカーの根本的な部分は変わりません。うちに限らず全国大会で勝ち上がる強豪校は、自分たちのスタイルが必ずあります。南先生はそうした幹となる淞南のスタイルを大事にしながら、色んなアンテナを張って常にプラスアルファの部分を付け加えられているイメージがあります。就任当初から突き詰められている中央突破や攻守の切り替えの速さ、そこに加わったセットプレーや多彩な攻撃はまさに南先生のアンテナによって、生まれた新たな武器です。もちろん成功もあれば、失敗もあります。やって良ければ幹に枝や葉っぱとして付け加えます。うちには合わない場合はあっさり止めますが、止めたことがやってきたことへの確信へと繋がり、更に良くなっていく。そうした繰り返しによって発展していったのが、淞南だと思います。

外から色んな物を取り入れ、チームを強くするのはもちろん、「この選手は良くなる」といった目利きに長けているのも、南先生の凄さだと思います。入学したばかりの生徒がどれくらいの選手になるか僕には分かりませんが、南先生は卒業時にどんな選手になっているかが見えています。それに良い所探しの天才でもあります。「この選手は無理だ」と切り捨てるのは簡単ですが、「ここが良い」といった話ばかりで、「ここがダメだ」といった話は聞いたことがありません。僕らが選手の苦手とする部分を指摘しても、「でも、ここは良いよね」とすぐに返ってきます。選手を変えるのではなく、良さを最大限伸ばしきって、次のステージに送り込んでいるように思います。

そうした長所や性格を見抜けるのも南先生の特徴で、レノファ山口FCに加入した梅木翼も中学時代はFWと守備的なボランチを兼任していましたが、一瞬で目の速さとシュートセンスを瞬時に見抜き、入学直後からFWに固定されました。関東の大学を希望していた松田力に対し、「関東に行っても埋もれてしまう」とびわこ成蹊スポーツ大学への進学を勧めました。また高校時代にサブだった選手が、大学を経てJリーガーになるなど、「ここまで成長するんだ」と卒業後に驚く選手がたくさんいます。林尚輝も高校時代は、鹿島アントラーズに入れるような選手になるとは思っていませんでした。南先生も「まさかここまで行くとは思わなかった」と笑いながら話しますが、大学生になった姿までイメージ出来ていたように思います。

高校3年間しかないのに、中学から大学卒業までを一貫してイメージし、選手を高められるのも、淞南らしさと言えるかもしれません。指導だけでなく、サッカーのスタイルも同じです。中学生が来たいと思うのはどんなサッカーなのか、そして高校卒業後も通用するサッカー選手の姿を考えた結果が、今の淞南における指導の基盤となっています。そうした指導が全国大会で活躍し、見ている人を感動させるサッカーへと繋がり、卒業後に更に上に行くための土台になっている。高校3年間が良ければそれで良いと考えている人ではありません。また、携わる選手を育ててくれた小中学校や大学の指導者への感謝も忘れない人です。入学前後の長いスパンで選手のことを考えているから、大学の先生に「淞南の選手はサボらない」と言って貰えたり、Jリーガーがたくさん出るのだと思います。

チームの基準は核となる選手をJリーガーになるまで伸ばせるかです。一番良い選手はチーム内での目標が見えづらくなりますが、南先生はそんな選手に対して様々なアプローチをして、その選手の力をさらに高められます。そうした選手が目標に向かって努力をすれば、自然と周りの選手も引き上げられ、チーム力も高まっていくと思います。Jリーガーになれる選手は、南先生に言われたことを純粋に聞いて、頑張れた子たちばかりです。南先生が求める基準まで到達できず、もがいた代もありましたが、途中で諦めたり投げ出したりした選手は一人もいませんでした。近くで見ていて、本当に凄いと思います。入学してからの変化に驚かれる中学時代の指導者もたくさんいます。南先生のアプローチだけでなく、諦めない姿勢をチームの伝統にしてくれたこれまでの卒業生のおかげではないでしょうか。

南先生の知識量も他の人との違いです。インプットだけでなく、アウトプットの量も多いのです。自らがたくさん動き、アンテナを張って得た様々な情報を色んな人に話すから、磨きがかかって自分の物になっていく。ドンドン話が分かりやすくなっていくから、選手に伝わりやすいのだと思います。僕らもサッカーの情報などたくさんインプットしようとしますが、結局外に発信していないから、自分の物にできていません。チームと選手を良くしようとする貪欲な姿勢が、インプットとアウトプットの多さに繋がっているような気がします。最近では名将と呼ばれる他校の先生と話をさせてもらう機会も多く、様々な勉強をさせてもらっていますが、色んな所で南先生の凄さを改めて感じます。

あとがき

本書を記すにあたり、私が歩んできた半生を振り返ると、多くの人に支えられてきたのだと改めて実感しました。橋波小学校時代、高岡信二先生と吉川悦子先生に学び、将来は学校の先生になろうと思いました。ボーイズリーグ・オール守口の阪本代表と山口監督との出会いによって、指導者を意識し始めました。守口第四中学で片岡司郎先生と出会えたのは、私の人生にとって大きな出会いでした。出会わなければ、高校の指導者、体育教員になろうとは思わなかったと思います。西川満男先生からは、物事の考え方について学びました。桜宮高校時代の監督だった八木経夫先生からは、サッカーの奥深さを学びました。私を立正大学淞南高校のサッカー部監督、体育教員という天職に導いてくださった皆さんに追い付けるよう、より一層頑張っていきたいです。今の立場になってからは名前を挙げればキリがない程多くの人たちに、お世話になりました。皆さんの支えがなければ、今の私や立正大学淞南はあり得ません。

手塩にかけて育てた選手を送ってくださったり、支援して頂いた皆さんの存在によって成り立っていると考えています。だからこそ、現状に満足することなく、これからも学びと成長を続けていかなければいけません。そうして、生徒を成長させることが今までお世話になった人たちの恩返しになると考えているからです。

私を支えてくださった立正大学淞南高校の岡崎朝臣理事長、北村直樹校長、上川慎二教頭をはじめ、全教職員にも感謝の気持ちでいっぱいです。皆さんにはサッカーに集中できる環境を作って頂いているから、今の私があると思っています。

最後になりますが、本書の話を持ち掛けてくださった竹書房の柴田洋史さん、構成を手伝ってくださったフリーライターの森田将義さんにも感謝を申し上げたいです。まさか私が本を書く日が来るとは思いませんでした。私の半生を記せたこと以上に、「私の本を出したい」と思ってくれる人がいたことが、とても嬉しかったです。

南健司

第39回　(2004年／中国総体)初戦である2回戦敗退(vs草津東〈滋賀〉)

第43回　(2008年／埼玉総体)2回戦敗退(流通経済大柏〈千葉〉)

第44回　(2009年／近畿総体)3回戦敗退(vs大津〈熊本〉)

第45回　(2010年／沖縄総体)ベスト8進出
準々決勝で市立船橋〈千葉〉に2-3で敗退

第46回　(2011年／北東北総体)初のベスト4進出(第3位)
準決勝で桐蔭学園〈神奈川〉に1-2で敗退

第47回　(2012年／北信越総体)2年連続のベスト4進出(第3位)
準決勝で三浦学苑〈神奈川〉にPK戦の末敗退

第48回　(2013年／北部九州総体)3回戦敗退(vs真岡〈栃木〉)

第49回　(2014年／南関東総体)2回戦敗退(vs大津〈熊本〉)

第50回　(2015年／近畿総体)3度目のベスト4進出(第3位)
準決勝で東福岡〈福岡〉に2-5で敗退

第51回　(2016年／中国総体)初戦である2回戦敗退(vs青森山田〈青森〉)

第52回　(2017年／南東北総体)2回戦敗退(vs市立長野〈長野〉)

第53回　(2018年／東海総体)3回戦敗退(vs東山〈京都〉)

立正大淞南高校サッカー部全国大会戦歴

【全国高校サッカー選手権大会出場18回】

第75回　(1996年度)淞南学園として初出場
初戦である2回戦敗退(vs西目高校〈秋田〉)

第78回　(1999年度)初戦である2回戦敗退(vs日大藤沢〈神奈川〉)

第79回　(2000年度)初戦敗退(vs市立船橋〈千葉〉)

第80回　(2001年度)立正大学淞南高等学校と改称して出場
初戦敗退(vs星稜〈石川〉)

第81回　(2002年度)初戦敗退(vs地球環境〈長野〉)

第82回　(2003年度)藤枝東〈静岡〉を2-1で破り選手権全国初勝利
3回戦敗退(vs滝川第二〈兵庫〉)

第84回　(2005年度)3回戦敗退(vs遠野〈岩手〉)

第85回　(2006年度)初戦敗退(vs丸岡〈福井〉)

第87回　(2008年度)2回戦敗退(vs大津〈熊本〉)

第88回　(2009年度)初戦敗退(vs西武台〈埼玉〉)

第89回　(2010年度)初のベスト4進出(第3位)
準決勝で滝川第二にPK戦の末敗退

第91回　(2012年度)ベスト8進出
準々決勝で優勝した鵬翔〈宮崎〉に1-3で敗退

第92回　(2013年度)初戦敗退(vs水戸啓明〈茨城〉)

第93回　(2014年度)ベスト8進出
準々決勝で流通経済大柏〈千葉〉に0-3で敗退

第95回　(2016年度)初戦敗退(vs正智深谷〈埼玉〉)

第96回　(2017年度)初戦敗退(vs日本文理〈新潟〉)

第97回　(2018年度)3回戦敗退(vs矢板中央〈栃木〉)

第98回　(2019年度)初戦敗退(vs富山第一〈富山〉)

【全国高校総合体育大会(インターハイ)出場13回】

第34回　(1999年／岩手総体)淞南学園として初出場
初戦敗退(vs逗葉〈神奈川〉)

【著者】

南健司

(みなみ・けんじ)

1970年生まれ。大阪府出身。大阪市立桜宮高校から日本体育大学へ進学。卒業後、1993年に淞南学園(現・立正大学淞南高等学校)へ赴任。同年から監督としてチームを率い、2010年に全国高校サッカー選手権大会で初のベスト4入りを果たした。全国高等学校総合体育大会(インターハイ)では2011年、2012年、2015年に4強へ進出。チームを全国有数の強豪校に育て上げ、インターハイ出場13回、選手権出場18回を数える。その指導力は県内だけでなく全国レベルで高い評価を受けており、2013年には日本高校選抜のコーチに就任、第51回デュッセルドルフ国際ユース大会において日本の初優勝に貢献。これまでに数多くの選手をJの舞台に送り出し、昨年度も山田真夏斗が松本山雅FCへ入団した。

常に自分に問え! チームの為に何が出来るか

立正大淞南高校の個とチームの磨き方

2021年3月8日初版第1刷発行

著　　者　南健司

発 行 人　後藤明信
発 行 所　株式会社 竹書房
〒102-0072
東京都千代田区飯田橋2-7-3
TEL03-3264-1576（代表）
TEL03-3234-6301（編集）
http://www.takeshobo.co.jp
印 刷 所　共同印刷株式会社

ISBN978-4-8019-2471-0

『技術で応えられるサッカー選手を育てる 中央学院高校の教えすぎない育成哲学』

磨き抜かれたテクニックを武器に
激戦区・千葉で異彩を放つ技巧派軍団
中央学院高校サッカー部の「挑戦」

市立船橋や流通経済大柏といった強豪がひしめき、レベルの高い千葉県高校サッカー界において、個人技・個人戦術にこだわったサッカーで注目を集めている中央学院高校。いまだ全国の舞台には立てていないが、「見て楽しい、やってて楽しいサッカー」を実践し、近年はプロ注目の選手を輩出している。そんな中央学院の教えすぎない選手育成哲学に迫る!

千葉・中央学院高校サッカー部監督・濵田寛之
四六判並製200ページ／定価:本体1,600円＋税

『興國高校式Jリーガー育成メソッド』

「勝利」よりも「育成」
毎年のようにプロから声が掛かる
尖った人材を育む育成哲学に迫る

高い個人技と個人戦術、チーム戦術を融合させた攻撃的なスタイルで「関西のバルサ」と呼ばれている大阪の興國高校。毎年のようにJリーガーを輩出し、今や各方面で注目を集めている同校・内野監督の独自のトレーニング方法や育成メソッドだけでなく、教育哲学、チームマネージメント術…この本では隠すことなくすべてお伝えしています。

大阪・興國高校サッカー部監督・内野智章
四六判並製200ページ／定価:本体1,600円＋税

『TACTICS VIEW 鳥の眼で観る 一流サッカーチームの戦術事例』

「戦術」を理解すれば
サッカーがもっとおもしろくなる!

人気戦術分析ブログ『鳥の眼』の筆者による各フォーメーションにおける戦い方の「教科書」と呼ぶに相応しい15チームの戦術メカニズムを徹底解剖! 戦術的知識を養うことで、今まで見えてこなかったチーム、選手の「良いところ」がハッキリ見えてくるはず。

とんとん(サッカー戦術分析ブログ『鳥の眼』)
四六判並製304ページ／定価:本体1,600円＋税

『サッカーを楽しむ心を育てて勝つ 京都精華学園高校のマネジメント術』

常識にとらわれない様々な「仕掛け」で
"好き"と"勝利"を両立させる
異端の指導メソッド

笑顔で楽しくプレーし、テクニックにこだわったスタイルのサッカーで2012年度高校選手権3位、2014年度インターハイ準優勝に輝いた京都精華学園高校女子サッカー部。越智監督が志す〝いつまでもサッカーを好きでいさせるためのアプローチ〟や〝子どもを伸ばすためのコミュニケーション術〟とは?

京都精華学園高校女子サッカー部監督・越智健一郎
四六判並製208ページ／定価:本体1,700円＋税